Spiritueller Missbrauch in der katholischen Kirche

Doris Wagner

Spiritueller Missbrauch in der katholischen Kirche

HERDER

FREIBURG · BASEL · WIEN

2. Auflage 2020

© Verlag Herder GmbH, Freiburg im Breisgau 2019
Alle Rechte vorbehalten
www.herder.de
Umschlaggestaltung und -motiv: Finken und Bumiller, Stuttgart
Satz: Barbara Herrmann, Freiburg
Herstellung: GGP Media GmbH, Pößneck
Printed in Germany
ISBN Print 978-3-451-38426-4
ISBN E-Book (PDF) 978-3-451-82426-5

Vorwort

Klaus Mertes SJ

1

„Geistlicher Missbrauch" – oder auch „spiritueller Missbrauch" (Doris Wagner) – basiert nach meinem Verständnis auf einer tiefer liegenden Verwechslung von geistlichen Personen mit der Stimme Gottes, wobei ich drei mögliche Varianten der Verwechslung sehe. Erstens: Die Person, die „die Übungen nimmt" (die Seele), verwechselt die Person, die „die Übungen gibt" (den Seelenführer/Begleiter), mit der Stimme Gottes.[1] Zweitens: Der Seelenführer verwechselt sich selbst mit der Stimme Gottes. Drittens: Beide Personen unterliegen zugleich derselben Verwechslung.

Im ersten Fall ist es die Verantwortung des Seelenführers, die in der Verwechslung liegende Versuchung zu durchschauen und die Verwechslung klarzustellen, in Wort und eigenem Verhalten. Im zweiten Fall empfehle ich der Seele den Beziehungsabbruch, und zwar „sofort", das heißt: ohne den Versuch, den Abbruch zu begründen oder die Verwechslung dialogisch zu klären. Ein solcher Versuch kann nämlich nicht gelingen, solange die Asymmetrie zwischen Seele und Seelenführung besteht. Schuldgefühle wegen des Beziehungsabbruchs sind als Versuchungen einzuschätzen.

Der dritte Fall ist am schwierigsten aufzulösen. Interventionen von außen sind nur bedingt zielführend, zumal die Verblendung im Innenbereich der geistlichen Beziehung gerade wegen ihres Doppelcharakters schwer zu durchschauen ist. Die Black-Box kann von außen nicht geöffnet werden, solange sich nicht zugleich von innen her Betroffene melden. Diesen Stimmen gibt Doris Wagner im vorliegenden Buch

Raum. Die Geschichten sind auch die Grundlage für ihre systematischen Überlegungen, die sozusagen eine erste Schneise in den Urwald der Irrungen und Wirrungen schlagen, in denen geistlicher Missbrauch gedeiht.

2

Doris Wagner beschränkt sich in diesem Buch nicht auf die Zweier-Beziehung in einer geistlichen Begleitung. Schließlich ist es ja allein von der Sache her schon klar, dass Personen, die sich in geistlichen Begleitungs-Beziehungen begegnen, ihrerseits aus spirituellen Kontexten stammen und von ihnen geprägt sind. Das gilt gerade auch für Personen, die „die Übungen geben". Sie kommen ihrerseits aus einer spirituellen Tradition, aus einer geistlichen Gemeinschaft, aus einem Orden, aus einem System mit Strukturen, Lebensordnungen und gemeinsamen Überzeugungen – und sind davon geprägt. Geistlicher Missbrauch führt deswegen immer auch zu Rückfragen an die Hintergründe, die den Missbrauch begünstigen, ermöglichen oder Systeme anfällig und attraktiv machen für Täter und Täterinnen. In der Aufarbeitung von Machtmissbrauch und sexualisierter Gewalt in Institutionen ist der Blick auf die unauflösliche Verbindung von verantwortlichen Personen mit systemischen Zusammenhängen Standard – gerade auch im Hinblick auf Prävention. Was den geistlichen Missbrauch betrifft, so steht dieser Blick in der Kirche noch aus.

Doris Wagner versteht Spiritualität als Sinnstiftung. Menschen können gar nicht anders, als nach Sinn zu suchen, und sind deswegen spirituelle, geistliche Lebewesen. Es gibt also – potentiell – geistlichen Missbrauch überall, wo Menschen sind. Manchmal hilft ein Blick nach außen und von außen, um besser zu verstehen, um welche Abgründe im eigenen System – in diesem Fall: in der katholischen Kirche – es im vorliegenden Buch geht. So wurden kürzlich Missbräuche in Zen-Klöstern bekannt. Sogyal Rimpoche (Rimpoche = Verehrungswürdiger), Autor von „Das tibetische Buch vom Leben und Sterben", wurde entlarvt;[2] ein menschenunwürdiges System von psychischen und materiellen Abhängigkeiten um den geistlichen Despoten kam ans Tageslicht. Oder: Mir selbst begegnete das Phänomen des geistlichen Missbrauchs zum ersten Mal Ende der 1970er Jahre, als der Bruder eines Schulfreundes von der Mun-Sekte akquiriert wurde.[3] Alle üblichen Methoden von anfänglichem Love-Bombing bis hin zu umfassender Gehirnwäsche mit psychisch-physischer Versklavung wurden dort für mich sichtbar, Phänomene, von denen ich mir lange Zeit wünschte, dass sie in „meiner", der katholischen Kirche nicht vorkommen mögen. Aber sie kommen vor. Und das ist erschreckend.

Wer sich mit geistlichem Missbrauch befasst, muss sich auf tiefes Erschrecken gefasst machen. Es kann lange dauern, bis der Groschen fällt und man dann auch jeden Satz, den Doris Wagner schreibt, voll und ganz unterschreiben kann. Der Chile-Besuch von Papst Franziskus im Frühjahr 2018 scheint mir das jüngste, „prominente" Beispiel für einen solchen schmerzlichen Erkenntnisprozess zu sein: Erst als er wirklich hinhörte, begriff Papst Franziskus, dass er nicht richtig hingehört hatte – trotz aller scharfen Rhetorik gegen Täter und „zero tolerance"-Policy. Es ging im Falle des einflussreichen chilenischen Priesters Karadima eben nicht nur um einen einzelnen Sexualstraftäter, sondern um ein weit verzweigtes seelsorgliches Missbrauchssystem, das nicht einfach aufhörte zu existieren, als der Meister des Kreises aufgrund seiner Sexualstraftaten verurteilt worden war. Erst hier kam bei Papst Franziskus das tiefere Erschrecken an. Es war ein Erschrecken, wie er selbst formuliert, über ein „System von Seelsorge", und auch ein Erschrecken über die eigene Blindheit.

Karadima ist nur ein Beispiel von vielen. Er war ein Sexualstraftäter. Aber er war mehr als das. Das ist auch der Autorin dieses Buches in der Reflexion auf die ihr zur Verfügung stehenden Erfahrungsberichte wichtig: Sexualisierte Gewalt in geistlichen Gemeinschaften ist nicht zu verstehen ohne den Kontext des geistlichen Missbrauchs. Mehr noch, die „spiritualisierte" Gewalt ist die perfidere Gewalt. Das bedeutet im Umkehrschluss: Auch ohne sexualisierte Gewalt ist geistlicher Missbrauch in seinen Wirkungen für die Betroffenen vernichtende Gewalt. Bei allen Formen von „Missbrauch" geht es um Machtmissbrauch – und im Falle des geistlichen Missbrauchs explizit um geistliche Macht, die höchste Form von Macht.

3

Die Auseinandersetzung mit geistlichem Missbrauch führt in theologisches Nachdenken. Es geht um die Frage nach Gott, um die „spirituellen Ressourcen" im Unterschied zu „toxischer" Spiritualität, wie Wagner formuliert. Um es in der Sprache der ignatianischen Exerzitien auszudrücken: Es geht um die „Unterscheidung der Geister". Der „böse Feind der menschlichen Seele" ist der geistliche Missbrauchstäter schlechthin. Nichts ist ihm heilig. Alles instrumentalisiert er, um sich die Seele zu unterwerfen.

Doris Wagner beschreibt den Prozess des Verlustes „spiritueller Autonomie" mit dem Dreischritt von spiritueller Vernachlässigung, spiritueller Manipulation und spiritueller Gewalt. Damit bringt sie eine wichtige Erkenntnis auf den Punkt, den die spirituelle Tradition der Christenheit auch kennt: Der spirituelle Missbrauchstäter schreitet wie der „böse Feind" prozesshaft voran. Er agiert nicht offen. Er tritt nicht vor die Seele nach dem Motto: „Guten Tag, ich bin der böse Feind der menschlichen Seele"; vielmehr sagt er: „Ich bin Gott", oder: „Ich bringe dich zu Gott." Wir stoßen auf das Ur-Thema der Paradieses-Erzählung.[4] Der „Anti-Gott" ist bei aller Plumpheit seines Grundanliegens gerissen klug, wie eben die Schlange „klug" ist (Gen 3,1). Weil er keine Scham kennt, kann er sich alles aneignen und alles verdrehen, was der Seele heilig ist, gerade auch die theologische Rede. Seiner plumpen binären Logik („Ich oder Gott") sind komplexe Verwirrspiele vorgelagert. Die Tricks sind für ungeübte, insbesondere für spirituell vernachlässigte Personen nicht leicht zu durchschauen, gerade dann, wenn es um ihre Suche nach Gott geht: Sie sind offen für Ansprache der „Geister", und damit verwundbar.

Doch woran erkenne ich die Gegenwart Gottes und seines Geistes? Und wie unterscheide ich diese von der Gegenwart dessen, der bloß vorgibt, Gott selbst oder ein Bote Gottes (2 Kor 11,14) zu sein? Genau um diese Frage geht es in der „Unterscheidung der Geister", und auch in diesem Buch. Und das ist eben auch im Kern eine theologische Frage.

Die Auseinandersetzung mit geistlichem Missbrauch führt also zu der Einsicht, dass es in allen geistlichen Prozessen, die diesen Namen verdienen, tatsächlich und zuerst einmal um die Frage nach Gott geht und gehen muss, nicht um Glücksverheißungen aller Art – mit denen gerade die geistlichen Verführungskünstler gerne spielen –, also gerade nicht primär um „Gesundheit und Krankheit, Armut und Reichtum" und andere (im Sinne von Ignatius) „indifferente" Anliegen. Ein geistlicher Weg *kann* auch ein Heilungsweg werden, aber er wird nicht wegen der Heilung eingegangen, sondern wegen der Suche nach Gott. Es kann ja sein, dass ein Mensch Gott findet und dennoch krank und angefochten bleibt – wie etwa Paulus (vgl. 2 Kor 12,7ff.). Ignatius geht jedenfalls davon aus, dass die „inneren Bewegungen" *(mo-*

tus, spiritus) in den Herzen/Seelen der Menschen von Gott kommen, oder wenn nicht von Gott, dann eben vom „bösen Feind der menschlichen Seele". Er bewegt sich strikt in geistlicher Sprache. Ebenso tut es Doris Wagner, indem sie ihrer Analyse des Missbrauchs den Schlüsselbegriff der „Spiritualität" zuordnet, und nicht dahinter gelagerte „eigentliche" Erklärungskategorien.

4

Ich verstehe das Buch von Doris Wagner also auch als Plädoyer dafür, sich mit dem geistlichen Missbrauch theologisch auseinanderzusetzen. Die Autorin legt implizit eine Art „Prolegomena" zu der noch ausstehenden theologischen Auseinandersetzung vor. Ich plädiere in diesem Zusammenhang für eine „geistliche" Theologie, das heißt für eine Theologie, die persönliche Erfahrungen als „theologischen Ort" *(locus theologicus)* für den eigenen geistlichen Weg begreift und reflektiert – nicht getrennt von Schrift und Tradition, aber eben auch nicht auf diese reduziert. Für eine solche Theologie scheint mir der klassische Weg der Verneinung *(via negationis)* angemessen zu sein: Von Gott reden beginnt damit, von dem zu reden, was er nicht ist. Dem entspricht in der „Unterscheidung der Geister" die Fähigkeit, Versuchungen zu durchschauen und sie zurückzuweisen – „toxische" Systeme von Spiritualität, wie Doris Wagner formuliert. Es gibt keine Erkenntnis Gottes im eigenen Leben ohne ständiges Ringen um diese Abgrenzung, gerade deswegen, weil alle Rede von Gott immer wieder instrumentalisiert werden kann.

Ein Mann, der sich mit Hilfe der Begleitung einer klugen Ordensfrau aus den Fängen eines innerkirchlichen Missbrauchssystems löste, berichtete mir einmal, dass seine Begleiterin ihn gelegentlich erstaunt gefragt habe: „Und das haben

Sie alles geglaubt?" Das Missbrauchssystem enthielt das ganze Programm, sowohl in seiner verlockenden Seite (Sicherheitsgefühl, Nähe zu einer charismatischen Führungspersönlichkeit, Zugehörigkeit zu einer Elite, hohe Wertschätzung durch die kirchliche Hierarchie, intensive Liturgie) als auch in seiner dunklen Seite (Bruch mit der Familie, Kontrolle der Kontakte nach außen, Kritik- und Sprechverbote, radikaler Welt-Kirche-Dualismus, Schulddruck, Vermischung von Forum Internum und Forum Externum, Instrumentalisierung der Beichte), und schließlich auch mit den typischen Phänomenen während der Ablösungsphase: Verratsvorwurf, Mobbing, Kontaktabbruch und nachgeworfene Verleumdungen.

Es ist von außen manchmal schwer zu begreifen, wie geistliche Ideologiebildung funktioniert. Da wird einerseits viel Gelehrtes und Richtiges aufgefahren. Der innere Kulminationspunkt aber, auf den alles hinausläuft, ist die Forderung nach dem Unterwerfungsakt unter die Autorität, der „spirituelle Gewaltakt" (Doris Wagner). Oft fragen sich Betroffene nachträglich, wie es zum Beispiel möglich war, dass sie willentlich und wissentlich logen und verleumdeten, und dass sie diese Lügen zugleich für fromme Taten hielten. Papst Franziskus verweist übrigens in seinem jüngsten Schreiben *Gaudete et exultate* auf vergleichbare Phänomene in Bezug auf katholische Blasenbildungen im Internet.[5] Die Schamfreiheit im Umgang mit der Wahrheit im Namen angeblicher „Wahrheit" ist ein klares Kennzeichen für den Geist, der in autoritären Gruppen und Blasen waltet. Sie sind auch toxisch.

Spiritueller Missbrauch macht auch nicht Halt vor der Instrumentalisierung des kirchlichen Lehramtes. Doris Wagner weist auf Ambivalenzen im Kirchenrecht und in anderen offiziellen Lehräußerungen hin. Indem sich spirituelle Missbrauchstäter besonders lehramtstreu geben, täuschen sie die

11

kirchliche Öffentlichkeit. Sie haben auch kein Problem zu behaupten, sie seien lehramtstreuer als die Hierarchie, wenn Vertreter des Lehramtes sich von ihnen abgrenzen. Noch schwieriger wird es, wenn verführte Verführer selbst Positionen in der kirchlichen Hierarchie besetzen. Es bedarf deswegen für die Auseinandersetzung mit dem geistlichen Missbrauch auch einer Selbstreflexion des Lehramtes, wie es sich gegen diese Instrumentalisierung zu wappnen gedenkt. Das Lehramt ist ja gerade dazu da, um das Evangelium vor Missbrauch zu schützen. Darauf verweist übrigens auch Doris Wagner. Die kirchliche Autorität hat jedenfalls die Aufgabe zu schützen. Wenn sie aber sich selbst nicht schützen kann, dann kann sie auch andere nicht schützen.

Klaus Mertes, geb. 1954, ist Jesuit und Direktor des Kollegs St. Blasien. Von 2000 bis 2011 war er Rektor des katholischen Gymnasiums Canisiuskolleg in Berlin. Nachdem mehrere Altschüler sich ihm vertraulich als Missbrauchsopfer offenbart hatten, wandte er sich Anfang 2010 mit einem Brief an die Angehörigen der betroffenen Jahrgänge und löste damit eine Welle von Aufdeckungen sexuellen und physischen Missbrauchs junger Menschen in kirchlichen Bildungseinrichtungen in Deutschland aus. Mertes ist Autor mehrerer Bücher sowie Redakteur der jesuitischen Monatszeitschrift „Stimmen der Zeit".

Inhalt

Gratia supponit naturam, non destruit, sed perficit eam.

Die Gnade setzt die Natur voraus.
Sie zerstört sie nicht, sondern vollendet sie.

(Thomas von Aquin, S. th. I, q. 2, a. 2 ad 1)

Vorbemerkungen

Ein junger Mann ist völlig am Ende. Vor sechs Jahren ist er in eine geistliche Gemeinschaft eingetreten. Er sagt, er habe viele schöne Momente in dieser Gemeinschaft erlebt. Dennoch liegt der junge Bruder schließlich morgens oft mit Tränen in den Augen im Bett und wünscht sich, er wäre in der Nacht gestorben. Als er schließlich den Weg aus der Gemeinschaft findet und zu seinen Eltern zurückkehrt, müssen diese ihn mit einem Rollstuhl vom Flughafen abholen. Er ist nicht nur psychisch, sondern auch physisch vollkommen am Ende.

Eine Mutter erzählt von ihrer mittlerweile fast fünfzigjährigen Tochter. Sie war als Achtzehnjährige in eine geistliche Gemeinschaft eingetreten. Vor ihrem Eintritt war sie eine intelligente lebenslustige junge Frau. Als sie wenige Jahre später austrat, war sie bis auf die Knochen abgemagert und psychisch gebrochen. Das ist nun mehr als zwanzig Jahre her – und bis heute hat sich ihre Tochter nicht davon erholt. Immerhin, mittlerweile kann sie wieder Auto fahren und die Mutter hat die Hoffnung nicht aufgegeben, dass sie ihre Tochter einmal wieder glücklich sieht.

Eine andere Mutter berichtet, wie ihre Tochter auf einer Reise eine neue geistliche Gemeinschaft kennenlernte und daraufhin gar nicht mehr nach Hause zurückkam, sondern gleich in die Gemeinschaft eintrat. Sie ging ihre Tochter besuchen und erlebte so mit, wie sie innerhalb weniger Jahre kontinuierlich depressiver wurde. Bei jedem Besuch – jedes Mal in einem anderen Kloster, immer wieder in einem anderen Land – sieht sie ihr Kind unglücklicher, macht die „Mitschwestern" darauf aufmerksam, bittet mit Nachdruck um gesundheitliche Fürsorge, bis eines Tages zwei fremde „Schwestern" vor ihrer Tür stehen, um ihr mitzuteilen, dass ihr Kind sich das Leben genommen hat.[1]

Das sind nur drei Beispiele für ein Problem, mit dem sich die katholische Kirche gegenwärtig konfrontiert sieht. Es ließen sich viele mehr anführen.[2] Das Phänomen lässt sich wie folgt beschreiben: Junge Menschen, die in die Nähe bestimmter katholischer Gemeinschaften und Bewegungen kommen und sich von diesen begeistern lassen, verändern sich auf eine beängstigende Art und Weise und verlieren den Kontakt nicht nur zu ihrer Familie und ihren Freunden, sondern auch zu sich selbst. Haben sie ihre Selbstbestimmung erst einmal aufgegeben, ist es für sie beinahe unmöglich geworden, Reißleinen zu ziehen. Alles, was die Autorität ihrer Seelenführer in Frage stellt, scheint ihnen eine Gefahr oder Versuchung zu sein. Sie bleiben ihnen treu, was auch immer sie fordern, auch wenn sie selbst dabei zugrunde gehen.

Wir kennen dieses Phänomen gefährlicher „Seelenführer" von Sekten oder vielleicht aus evangelikalen Freikirchen. Dass ähnliche Praktiken auch im Schoß der katholischen Kirche üblich sind, ist – je nach Standpunkt – entweder ein Tabu oder ein viel zu lange toleriertes Übel. Dieses Buch möchte sich mit diesem Phänomen in der katholischen Kirche befassen, und dabei vor allem Betroffenen und Verantwortlichen helfen, es zu verstehen. Was genau fügt Menschen sogar in kirchlich anerkannten und teils angesehenen Gemeinschaften und Bewegungen solchen schweren Schaden zu? Und warum ist das in der Kirche überhaupt möglich?

Man kann in diesem Zusammenhang auf Autorinnen und Autoren verweisen, die eben dieses Phänomen teils schon vor Jahrzehnten beschrieben und vor ihm gewarnt haben.[3] Man könnte darüber sprechen, wie es neokonservativen Gruppen in den vergangenen Jahrzehnten gelungen ist, überwunden geglaubte Denkweisen im charismatischen Gewand von neuem zu etablieren. Dieses Buch will das Phänomen aber nicht in erster Linie in seiner politischen oder abstrakt-theologischen Tragweite in den Blick nehmen, sondern es möchte sich in die Perspektive der Betroffenen begeben und von dort aus versuchen die spirituelle Dynamik zu begreifen, die hinter den Geschichten und dem Leid der betroffenen Menschen steht.

Das Ziel dieses Buches ist es, eine allgemeinverständliche Diskussionsgrundlage für die Auseinandersetzung mit spirituellem Missbrauch in der katholischen Kirche zu schaffen. Indem ich versuche, möglichst anschaulich zu beschreiben, was genau passiert, wenn Menschen in der katholischen Kirche geistlichen Missbrauch erleben, und indem ich insbesondere konkrete Fälle geistlichen Missbrauchs anhand realer Beispiele anschaulich mache, hoffe ich, Betroffenen ebenso wie kirchlichen Verantwortlichen die Problematik auf eingängige Weise bewusst zu machen, ohne bereits vielfach Gesagtes zu wiederholen und vor allem ohne unmittelbar auf ein politisches Minenfeld zu geraten oder vertiefte Fachkenntnisse verschiedener Art voraussetzen zu müssen. Ich möchte vor allem den Betroffenen selbst helfen zu verstehen, was ihnen geschehen ist. Daher handelt dieses Buch schlicht von *geistlichem Missbrauch*[4] und nicht von „katholischem Fundamentalismus" oder „Autoritarismus" und vermeidet wo immer möglich intellektuell anspruchsvolle und allzu philosophische Wendungen oder Fachbegriffe wie „instruktionstheoretisches Offenbarungsmodell" oder „Jurisdiktionsprimat", die in einem anders gearteten Text über dasselbe Phänomen zweifellos am Platze wären. Fachlich einschlägig Versierte oder Interessierte finden in den Hinweisen auf weiterführende Literatur am Ende jedes Kapitels neben Verweisen auf allgemeinverständliche Bücher oder Filme mitunter auch Titel, die speziell für sie genannt sind.

Kurz: Ich möchte keine fertig ausgearbeitete Theorie vorstellen, denn eine solche habe ich nicht. Ich möchte vielmehr in möglichst allgemeinverständlichen Worten Erfahrungen schildern, Probleme benennen, Fragen stellen und erste Vorschläge machen, wie geistlicher Missbrauch in der Kirche verstanden werden kann, damit wir überhaupt darüber reden können. Denn solange wir nicht darüber reden, können wir auch nichts unternehmen. Dass es bitter notwendig ist, etwas zu unternehmen, wird jedem klar werden, der sich die Folgen geistlichen Missbrauchs vor Augen führt. Daher stehen am Ende auch einige wenige und zweifellos unfertige Vorschläge, wie ungefähr ein angemessener Umgang mit geistlichem Missbrauch in der Kirche aussehen könnte. Ich hoffe, dass der aufmerksame Leser und die aufmerksame Leserin diese Vorschläge aufgreifen, diskutieren und weiterentwickeln, sobald sie sich mit dem Thema befassen.

Ich folge in diesem Buch einem einfachen Gedankengang. Ich glaube, dass geistlicher Missbrauch die Verletzung spiritueller Autonomie ist und dass spirituelle Autonomie ein grundlegendes Selbstbestimmungsrecht jedes Menschen darstellt. Diese Vorstellung ist zwar nicht unbedingt neu, aber der Begriff *spirituelle Autonomie* oder *spirituelle Selbstbestimmung* ist doch noch relativ ungebräuchlich. „Spiritualität" ist überhaupt ein missverständlicher Begriff. Daher möchte ich eingangs einen Vorschlag dazu machen, was man unter „Spiritualität" und „spiritueller Selbstbestimmung" verstehen könnte – und warum diese Selbstbestimmung so wichtig ist. Erst im Anschluss daran wird auch in voller Tragweite deutlich werden, welche verheerenden Folgen die Beschneidung dieser Selbstbestimmung hat und durch welche Denkmuster und Traditionen sie in der katholischen Kirche ermöglicht und begünstigt wird. So gelingt aber auch eine Annäherung an die Frage, wie man geistlichem Missbrauch vorbeugen kann und wie Opfer dieses Missbrauchs wieder zu voller spiritueller Autonomie zurückfinden können.

Wenn meine Überlegungen anderen Menschen helfen, das Problem in den Blick zu bekommen und es zu begreifen, wenn es manche dazu anregen kann, eigene Vorschläge zum Thema zu machen, und wenn es in irgendeiner Weise dazu beitragen kann, geistlichen Missbrauch in der katholischen Kirche als Problem anzuerkennen und ihn einzudämmen, dann hat dieses Büchlein sein Ziel erreicht.

1. Was ist Spiritualität?

Bevor wir die Frage stellen können, was spiritueller Missbrauch ist, müssen wir erst einmal die Frage stellen: Was ist eigentlich Spiritualität? Solange wir keinen klaren Begriff von Spiritualität haben, können wir uns auch nicht mit dem Problem spirituellen Missbrauchs auseinandersetzen. Das gilt nicht zuletzt deswegen, weil es über Spiritualität viele Missverständnisse gibt.

1.1 Einige Missverständnisse

1.1.1 Spiritualität und Esoterik sind nicht dasselbe

Wer vor dem mit „Spiritualität" überschriebenen Regal eines Buchladens steht oder sich im Internet auf die Suche nach „Spiritualität" macht, der findet dort nicht nur Achtsamkeitsliteratur, Yoga-Freunde und Naturliebhaberinnen, besondere Techniken des Meditierens, Singens, Schweigens oder Wanderns, sondern er begegnet auch Geistheilern, Menschen, die erklären, sie könnten „Chakren öffnen", mit „Engeln" oder Verstorbenen reden, außerkörperliche Erfahrungen machen, verschüttete Erinnerungen oder gar Erinnerungen an frühere Leben wecken, Kontakt zum „Inneren Selbst" herstellen oder gar die Zukunft vorhersagen, kurz: Er begegnet der esoterischen Szene. Dort werden „spirituell" und „esoterisch" bisweilen geradezu als Synonyme verwendet. Das ist insofern irreführend, als „spirituell" und „esoterisch" tatsächlich verschiedene Bedeutungen haben.

Der Begriff „Esoterik" hat von seinem Ursprung her zunächst einmal nicht unbedingt etwas mit dem zu tun, was wir *heute* als „Esoterik" bezeichnen: Das aus dem Griechischen stammende Wort „esoterisch" bezeichnet ein bestimmtes Wissen, das nur in einem bestimmten Kreis von Menschen bekannt sein kann oder darf. Der griechische Gegenbegriff dazu ist „exoterisch": Er bezeichnet das Wissen, das außerhalb dieses Kreises existiert und deshalb jedem offensteht. Das heißt, Esoterik setzt „einen inneren und einen äußeren Kreis von Menschen voraus; was den einen (wichtige) Erkenntnis, Wissen und Erfahrung bedeutet, bleibt den anderen verschlossen."[5]

Im Laufe der Geschichte haben unterschiedlichste Geheimbünde und Mysterienkulte diese Unterscheidung zwischen Eingeweihten und Nichteingeweihten gepflegt, angefangen von schriftlosen Kulturen in Nordamerika und Afrika, über antike ägyptische, griechische und römische Kulte bis hin zu spiritistischen Zirkeln im Europa des 19. und frühen 20. Jahrhunderts. Einweihungsrituale, geheimes Wissen und die Unterscheidung zwischen eingeweihten Wissenden und außenstehenden Nichtwissenden kommen und kamen in allen Arten von Religionen und Kulturen vor. Auch im frühen Christentum wurden Nichtgetaufte als Nichteingeweihte betrachtet, die nicht zu allen Teilen des christlichen Gottesdienstes zugelassen waren, weil sie das Katechumenat noch nicht durchlaufen hatten und somit nicht in die „Glaubensgeheimnisse" eingeweiht waren.

Wenn wir heute das Wort „esoterisch" hören, denken wir eher an New Age oder bestimmte Jugendsekten und nicht mehr an die eben dargelegte Unterscheidung von Eingeweihten und Nichteingeweihten im engen Sinn. Auch in Sekten und in der Gefolgschaft gewisser Gurus gibt es natürlich ein „Wissen", das nur bestimmten Menschen offensteht.

Allerdings hängt der Zugang zum ultimativen Geheimnis in diesen modernen esoterischen Kreisen wohl weniger von der gelehrigen Hingabe der Jünger ab als von ihrer Zahlungswilligkeit. – Worauf es an dieser Stelle ankommt, ist aber, dass Esoterik weder im alten Sinn noch im neuen Sinn des Wortes viel mit Spiritualität zu tun hat. Allenfalls kann sie als ein Missbrauch von Spiritualität verstanden werden. Denn Spiritualität ist etwas ganz anderes als eine Geheimlehre oder eine käufliche Dienstleistung. Sie ist ein urmenschliches Bedürfnis, eine bemerkenswerte menschliche Fähigkeit und nicht zuletzt eine Bewältigungstechnik. Dazu gleich noch mehr. Hier möchte ich nur kurz die drei wichtigsten Unterschiede zwischen Esoterik und Spiritualität benennen:

1. Während nur *wenige Menschen* esoterisches Wissen besitzen oder esoterischen Zirkeln angehören, hat *jeder Mensch* seine eigene Spiritualität.

2. Während esoterisches Wissen von einigen wenigen Meistern oder Gurus kontrolliert wird und von den Anhängern des Meisters *nicht hinterfragt werden darf*, besitzt jeder Mensch seine eigene Spiritualität, über die er *frei verfügen kann*, indem er sie selbst entwickelt und entsprechend seinen Lebenssituationen und Bedürfnissen gestaltet.

3. Während esoterisches Wissen *geheim und oft schwer verständlich* ist, steht spirituelles Wissen grundsätzlich jedem offen, ist in der Regel *intuitiv leicht verständlich* und kann einer rationalen Durchdringung standhalten.

Um einen Bogen zum Kernthema dieses Buches zu schlagen, könnte man an dieser Stelle schon festhalten, dass esoterische Praktiken – die es auch in bestimmten katholischen Gruppen gibt – in der Regel manipulativen Charakter haben, die spirituelle Selbstbestimmung untergraben und daher ein Mittel des spirituellen Missbrauchs sind. Dazu später noch mehr.

1.1.2 Es gibt keine einheitliche katholische Spiritualität

Es gibt ein weiteres Missverständnis, das es auszuräumen gilt: Manchmal wird angenommen, Spiritualität wäre eine Art religiöse Überzeugung oder sie ergäbe sich direkt aus einer bestimmten Überzeugung. Wäre dem so, müssten alle Angehörigen einer bestimmten Religionsgemeinschaft dieselbe Spiritualität haben, sofern sie nur dasselbe glauben. Das trifft offensichtlich nicht zu.

Wenn man sich die Vielfalt spiritueller Konzepte und Praktiken ansieht, die innerhalb ein und derselben Religionsgemeinschaft gepflegt werden, wird sofort klar, dass das nicht der Fall ist. Katholiken beispielsweise kennen benediktinische, franziskanische, ignatianische, karmelitische, salesianische und befreiungstheologische Spiritualität, sie kennen auch neopentekostale, ökologische oder sogar erotische[6] Spiritualität. Es gibt spirituelle Angebote, die sich an bestimmte Personengruppen richten: Männer, Frauen, Mütter, Senioren, Kranke, Gefangene, Geflüchtete, Kinder, Eheleute, Verwitwete, Homosexuelle, Angehörige bestimmter Sprachgruppen oder ethnischer Minderheiten und so weiter und so fort. Kurz: Was jemand glaubt und welche Spiritualität er persönlich pflegt, sind zwei verschiedene Dinge.

Aber auch wenn Spiritualität keine Überzeugung ist, hängt sie dennoch eng mit den Überzeugungen eines Menschen zusammen. Das heißt, ein Mensch mit einer katholischen Überzeugung wird in aller Regel auch eine katholische Spiritualität besitzen. Dennoch kann sich die Spiritualität eines Katholiken stark von der eines anderen Katholiken unterscheiden. Das liegt unter anderem daran, dass katholische Spiritualität eine große Bandbreite an Ressourcen und Ritualen kennt. Alleine die biblischen Quellen, die im Hintergrund des jeweiligen Gottesbildes eines Katholiken stehen können, könnten kaum vielfältiger sein: vom Bild des Gottes, der von Abraham das Opfer seines einzigen Sohnes verlangt, über den Gott der Propheten, der Barmherzigkeit statt Opfer verlangt, den Gott, der sich auf eine Wette mit dem Satan einlässt, um Hiob auf die Probe zu stellen, dem guten Hirten, der das verletzte Schaf nach Hause trägt, dem windeltragenden Baby in der Krippe bis hin zum allwissenden Weltenrichter. Die Symbole reichen vom Engel mit dem flammenden Schwert, der den Menschen die Rückkehr ins Paradies verwehrt, über den Regenbogen, das Bundeszeichen der Treue Gottes, das Taufwasser, in dem wir von Schuld reingewaschen und zu Kindern Gottes werden, das geopferte Lamm, das unsere Sünden auf sich genommen hat, Brot und Wein, mit denen wir Christus in uns aufnehmen und von ihm genährt werden, das Kreuzzeichen, mit dem wir unseren Glauben an den dreifaltigen Gott bekennen, bis hin zum Fisch, dem Erkennungszeichen der ersten Christen. Die Rituale reichen vom meditativen Gebet im stillen Kämmerlein oder dem stillen Kerzenanzünden vor Heiligenfiguren in einer Kapelle am Wegesrand, über das mehr oder weniger feierliche gemeinsame Stundengebet, das Bibelgespräch, das gemeinsame Nachsinnen im Stuhlkreis, die Prozession, die Fahrzeugsegnung, das Brechen von Barbarazweigen, das Weihnachtsessen im Familienkreis, das Bekreuzigen mit Weihwasser beim Betreten einer Kirche, die Kniebeuge, das Zungengebet, die Litanei, den liturgischen Tanz, bis hin zum Fasten oder zur feierlichen Erneuerung der Taufgelübde in der Sonntagsmesse. Diese Vielfalt der in der katholischen Kirche gepflegten spirituellen Ressourcen kommt auch dadurch zustande, dass ständig neue Elemente in den Schatz des Katholischen aufgenommen werden: Bilder, Begriffe und Praktiken aus dem Schatz verschiedener europäischer, südamerikanischer oder afrikanischer Volksstämme, aus der Musiktherapie oder dem Sport, aus der historisch-kritischen Textexegese oder der Psychoanalyse oder aus der spirituellen Tradition anderer Religionsgemeinschaften. So gehören beispielsweise asiatische Meditationstechniken, jüdische Erzählungen oder die 99 Namen Allahs zu den spirituellen Ressourcen vieler katholischer Christen selbstverständlich dazu.

Die Spiritualität eines Menschen verhält sich zu seiner religiösen oder weltanschaulichen Überzeugung vielleicht ungefähr so wie seine Talente zu seinem Beruf. So wie Menschen, die alle denselben Beruf ausüben, zwar einiges gemeinsam haben mögen, aber dennoch ganz verschiedene Persönlichkeiten und Talente besitzen, so haben Menschen mit denselben Überzeugungen nicht unbedingt dieselbe Spiritualität. Denn die Spiritualität eines Menschen hängt auch mit seinem Brauchtum und seiner Herkunft, seinem Alter, seiner Bildung, seiner Gefühlswelt, seinem Charakter und seiner Lebenssituation zusammen. Auch wenn alle sich als katholisch bezeichnen mögen und durch die Taufe derselben weltweiten Glaubensgemeinschaft angehören, hat eine philippinische Geschäftsfrau sicher eine andere Spiritualität als ein russischer Bauer und ein texanischer Priester eine andere als eine nigerianische Polizistin. Ein Mensch, der um einen anderen trauert, verwendet andere spirituelle Rituale als ein Mensch, der die Hochzeit seines Sohnes feiert, ein alter Mensch hat andere spirituelle Bedürfnisse und Ausdrucksmöglichkeiten als ein junger, ein reicher Mensch womöglich andere als ein armer und ein skrupulöser andere als ein unbefangener.

1.1.3 Spiritualität ist weder unbedingt religiös noch irrational

Besonders wichtig ist es mir, ein weiteres Missverständnis anzusprechen: Gar nicht selten wird angenommen, dass Menschen, die keine religiösen Überzeugungen haben, auch keine

Spiritualität besäßen. Und sogar unter religiösen Menschen wird bisweilen angenommen, dass Spiritualität nur etwas für *besonders* Religiöse wäre, während etwas weniger religiöse Menschen – also solche, die nur ab und zu mal in die Kirche gehen oder beten – weniger „spirituell" wären. Und für manche ist Spiritualität gar ein Bereich, den sie absichtlich dem kognitiven Verstehen entziehen – wie ein Rückzugsraum für die Seele jenseits der Zumutungen der „kalten" Realität. Dabei kann Spiritualität nicht nur rational völlig transparent sein, sondern sie muss es sogar, denn wir müssen unsere spirituellen Akte ebenso verantworten wie alle unsere übrigen Handlungen. Das ist auch deswegen wichtig, weil Spiritualität keine Option für besonders Religiöse ist, sondern eine Dimension unserer menschlichen Existenz, ähnlich wie Sprache, Intellekt und Emotionalität. Kurz: Nicht nur Menschen mit besonders starken religiösen Überzeugungen sind spirituelle Wesen, sondern wir alle haben eine eigene Spiritualität, gleich wie sie aussieht und aus welchen Quellen sie sich speist, ob sie religiös konnotiert ist oder nicht. Das heißt auch: Jeder und jede darf und muss dafür Sorge tragen, dass die eigene Spiritualität möglichst gesund ist und dass sie nicht als Vorwand dient, anderen Menschen Schaden zuzufügen.

Sich nach einem langen Arbeitstag alleine auf die Terrasse zu stellen, einige Minuten schweigend in den Sonnenuntergang zu blicken und den Tag Revue passieren zu lassen, kann genauso eine spirituelle Handlung sein, wie nach einem Terroranschlag gemeinsam mit hunderten anderer Menschen Blumen am Anschlagsort niederzulegen und „This is your land, this is my land" zu singen, einem bedürftigen Nachbarn ohne viel Aufhebens die Schulausstattung seiner Kinder finanzieren zu helfen, am Hochzeitstag gemeinsam mit dem Partner das alte Album aus dem Schrank zu holen und beim

Nachmittagskaffee in Erinnerungen zu schwelgen, geduldig eine Demütigung zu ertragen oder gemeinsam mit den Kindern die eigene Wohnung für ein anstehendes Fest zu dekorieren: Jeder Mensch hat seine Spiritualität, und die Spiritualität eines jeden Menschen ist anders, je nachdem welchen Charakter, welche Herkunft und welche Erfahrungen ihn prägen. Natürlich: Manche sind sich ihrer Spiritualität bewusster als andere. Manche sind besser spirituell versorgt und spirituell handlungsfähiger als andere. Und die Spiritualität manches Zeitgenossen ist gesünder als die manches anderen. Dabei ist sie eines nie: Nebensache. Die Spiritualität jedes Menschen ist von fundamentaler Bedeutung dafür, was er vom Leben erwartet, wie er es angeht und wie er mit besonders überwältigenden Erfahrungen umgeht. Unsere Spiritualität entscheidet maßgeblich, wie wir im Leben zurechtkommen. Sie hat einen starken Einfluss darauf, ob wir zu angenehmen Zeitgenossen werden und ob wir an tragischen Ereignissen zerbrechen oder gestärkt aus ihnen hervorgehen können.[7] Unsere Spiritualität ist gewissermaßen die Substanz unserer psychischen Widerstandsfähigkeit, die Nahrung unserer Gefühle und der Stoff, aus dem unsere Kulturen und Religionen bestehen. Aber was ist Spiritualität nun eigentlich?

1.2 Spiritualität ist Sinnstiftung

Es gibt keine unumstrittene Definition von Spiritualität. Ich möchte an dieser Stelle auch nicht den Anspruch erheben, eine solche Definition zu schaffen, sondern ich möchte einfach nur eine provisorische Definition anbieten, die leicht verständlich und eingängig ist und mit der wir im Folgenden operieren können. Mein Vorschlag lautet: Spiritualität ist

Spiritualität ist das Bedürfnis nach Sinn

Sinnstiftung. Zu ihr gehören jene Bedürfnisse und Fähigkeiten, mit denen wir Sinn finden, schaffen und darstellen können. Anders ausgedrückt: Spiritualität ist zugleich ein Bedürfnis, eine Fähigkeit und eine Technik, nämlich unser tief sitzendes menschliches Bedürfnis nach Sinn, das eng mit unserer Fähigkeit verbunden ist, Dingen Bedeutung zu geben, und das uns zugleich als Lebensbewältigungstechnik dient, mit der wir potentiell belastende Erfahrungen bewältigen können, indem wir ihnen einen Sinn geben.

Spiritualität drückt sich in Überzeugungen und Handlungen aus. Ein Beispiel für eine spirituelle Überzeugung ist die Überzeugung von der Sinnhaftigkeit des eigenen Lebens oder die vom Weiterleben nach dem Tod. Beispiele für spirituelle Handlungen sind Rituale wie das Gedenken am Grab eines Verstorbenen oder das Schmücken von Menschen und Dingen bei bestimmten Gelegenheiten.

1.2.1 Spiritualität als das Bedürfnis nach Sinn

Spiritualität kann man zunächst als ein Bedürfnis beschreiben: das Bedürfnis nach Sinn. Dieses Bedürfnis besteht darin, unser Leben, unsere Handlungen und die Dinge, die uns umgeben, als sinnvoll zu erleben. Wir Menschen können gar nicht anders. Wir brauchen unbedingt das Gefühl, dass unser Leben und unsere Handlungen sinnvoll sind. Solange wir das Gefühl haben, dass das, was wir tun, Sinn macht, fällt es uns leicht, motiviert zu bleiben und Kraftreserven zu mobilisieren. Menschen, die von der Sinnhaftigkeit ihres Tuns überzeugt sind, können bisweilen geradezu übermenschliche Kräfte entwickeln oder unvorstellbares Leid ertragen. Sobald wir aber Zweifel an der Sinnhaftigkeit unseres Tuns – oder schlimmer noch – an der unseres Lebens haben, gelingt es uns nur schwer, uns zum Weitermachen oder zum Weiterleben zu motivieren, selbst wenn wir es von außen betrachtet nicht besonders schwer zu haben scheinen. Wer dauerhaft gezwungen ist, etwas zu tun oder in einer Lebenssituation zu verharren, die er selbst als sinnlos, schmachvoll oder zermürbend empfindet, kann ernsthaft psychisch krank werden.

Interessanterweise ist Sinnhaftigkeit etwas ausgesprochen Subjektives. Denn sie liegt in unserer Persönlichkeit und unseren Erfahrungen begründet und – auch wenn manche das denken mögen – nicht in einer scheinbar objektiven Richtigkeit. Verschiedene Menschen können ganz verschiedene Dinge als sinnvoll oder sinnlos erleben. Ist es sinnvoll, sehr viel Geld zu verdienen? Ist es sinnvoll, altruistisch zu handeln? Ist es sinnvoll, Kinder zu bekommen? Ist es sinnvoll zu beten? Ist es sinnvoll, eine Weltreise zu machen? Ist es sinnvoll, die Brutpflege einer bestimmten Käferart zu erforschen? Auf Fragen wie diese gibt es keine „objektiven" Antworten. Wie sie beantwortet werden, hängt davon ab, welchen Sinnhorizont – mit anderen Worten: welche Spiritualität oder welche Auffassung vom Sinn des Lebens – der Mensch besitzt, der diese Fragen gerade für sich beantwortet.

Für den einen besteht der Sinn des Lebens darin, eine Familie zu gründen, Kinder zu bekommen und zu erziehen. Er blüht dabei auf, weil er es als höchst sinnstiftend erlebt. Ein anderer Mensch kann dagegen in diesem Lebensentwurf buchstäblich zugrunde gehen, weil ihm anderes viel wichtiger ist. Der eine Mensch lebt dafür, sein Vermögen zu vermehren, während das einem anderen wahnsinnig hohl vorkommt. Ein Mensch lebt dafür, Kranke zu pflegen. Er ist glücklich, wenn er ihnen helfen kann. Ein anderer wird vom Dienst an Kranken förmlich selbst krank: Es gelingt ihm nicht, ihrer Krankheit und der vielleicht vergeblich anmutenden Sorge um sie einen Sinn zu geben, sodass die tägliche Konfrontation damit für ihn unerträglich ist.

Gleich was ein Mensch für sinnvoll und bedeutsam hält: Dass sein eigenes Leben und Handeln so ist, dass er es als sinnvoll empfindet, ist für jeden von existenzieller Bedeutung. Wenn jemand seine berufliche Tätigkeit nicht als sinnhaft erlebt, aber dennoch auf seine Arbeitsstelle angewiesen ist, keine Aussicht auf eine andere hat und Tag für Tag eine Arbeit erledigen muss, die ihm völlig sinnlos vorkommt, wird ihn das stark belasten. Ähnlich ist es mit einem Menschen, für den der Sinn des Lebens ganz wesentlich mit der Gründung einer Familie verbunden ist. Wenn so ein Mensch lange keinen Partner findet und dann vergeblich auf einen positiven Schwangerschaftstest wartet und nach einer ergebnislosen langjährigen Fruchtbarkeitsbehandlung kinderlos bleibt, besteht die Gefahr, dass ihn diese Erfahrung buchstäblich krank macht – und das obwohl unzählige andere Menschen kinderlos vollkommen glücklich sind. Dass Sinnhaftigkeit etwas sehr Subjektives ist, bedeutet also nicht, dass die Folgen „subjektiver" Sinnlosigkeit nicht schwerwiegend wären, im Gegenteil: Sie wiegen sehr schwer, und zwar nicht nur für die jeweils betroffene Person selbst, sondern auch für ihr Umfeld. Die betroffene Person wird eventuell krank oder unleidlich, womöglich zieht sie sich aus dem sozialen Leben zurück, gibt den Kontakt zu Freunden und Familie auf. Vielleicht wird sie aufgrund der empfundenen Sinnlosigkeit depressiv, womöglich letzten Endes gar gewalttätig oder sie nimmt sich das Leben. Glücklicherweise ist Sinnlosigkeit in den allermeisten Fällen kein unausweichliches Schicksal, denn wir Menschen haben nicht nur das Bedürfnis nach Sinn, sondern auch die bemerkenswerte Fähigkeit, unseren Erfahrungen einen (neuen) Sinn zu geben.

1.2.2 Spiritualität als die Fähigkeit, Dingen Bedeutung zu geben

Was heißt es, etwas eine Bedeutung zu geben? Wer etwas eine Bedeutung gibt, geht über seine empirische Betrachtung hinaus. Denn Sein und Bedeutung sind zwei verschiedene Dinge. Jedes Ding und jedes Geschehen lässt sich empirisch beschreiben. Als Menschen gehen wir aber ständig unwillkürlich über diese empirische Dimension hinaus, indem wir Dingen und Ereignissen immer auch eine Bedeutung geben. Das heißt, wir setzen sie zu uns in Beziehung, zu unseren Gefühlen, unserem Wissens- und Erfahrungsschatz, unseren Überzeugungen, Idealen, Ängsten und Zielen, und ordnen sie darin ein. Während die empirische Dimension der Realität für alle gleich ist, können wir uns spirituell stark voneinander unterscheiden. Und während die empirische Dimension eine unausweichliche Tatsache ist, an der wir nichts ändern können, kann die spirituelle Dimension ein und desselben Ereignisses ganz verschieden sein, je nachdem über welche spirituellen Ressourcen man verfügt.

Es ist beispielsweise das Eine, dass ein Mensch stirbt. Es ist das Andere, was sein Tod bedeutet und wie wir damit umgehen. Was im menschlichen Organismus vor sich geht, wenn ein Mensch stirbt, lässt sich biologisch und medizinisch empirisch beschreiben. Stirbt ein Mensch eines natürlichen Todes, geht der Übergang vom Leben zum Tod in aller Regel in verschiedenen Phasen vor sich, an deren Beginn die eingeschränkte Funktionsfähigkeit verschiedener lebenswichtiger Organe stehen kann und an deren Ende, nach dem Verlust des Bewusstseins, dem Absterben verschiedener Hirnareale, dem Herz- und Atemstillstand schließlich alle Organe ihre Funktionsfähigkeit vollständig verloren haben und die Verwesung einsetzt, die wiederum in mehreren Phasen vor sich geht, bis der Organismus sich irgendwann vollends in seine Bestandteile aufgelöst hat. – Das ist die objektive Dimension des Todes. Die spirituelle Dimension ist eine ganz andere.

Je nachdem, welche spirituellen Ressourcen Menschen in einem bestimmten Kontext zur Verfügung stehen, wie gut sie spirituell ausgestattet sind und welche Bedeutung sie dem Tod geben, kann das Sterben ganz verschieden erfahren und gestaltet werden. Es kann ein erhebendes *Hinübergehen* voller feierlicher Worte, geteilter Erinnerungen und tröstender Gesten, voller Musik, Blumen und Lichter in einträchtiger Gemeinschaft sein oder ein eindrückliches mehrtägiges rituelles *Trauern* mit herzzerreißendem Schluchzen, Schreien, Klagen, Weinen, Schweigen und Fasten oder auch ein hilfloses, schweigendes *Abwarten* voller Angst und Scham im Kreis einiger teils um Fassung ringender, teils steif und unsicher auftretender Angehöriger oder ein einsames *Ableben* im Heim, in Abwesenheit der Angehörigen, mit routiniertem Wiederbelebungsversuch durch das Fachpersonal und stiller anonymer Notbestattung.

Wir können zwar nichts daran ändern, wenn ein geliebter Mensch stirbt, aber indem wir seinem Tod einen Sinn geben, indem wir ihn beispielsweise als „Abschied" statt einfach nur als „Tod" erleben und begehen, können wir seinem Tod ein Stück weit die schreckliche Sinnlosigkeit und uns selbst die Angst davor nehmen. Denn ob ein Mensch „von uns gegangen" oder einfach nur „tot" ist, ist ein großer Unterschied. Alleine die Anwesenheit eines anderen Menschen am Bett eines Sterbenden, das Händehalten, Zureden, Beten, Singen, Wachrufen schöner Erinnerungen kann diesem Sterben eine andere Bedeutung geben: Es macht es zu einem liebevollen Abschied. Auch das laute Trauern, Schluchzen und gegenseitige Trösten am Bett des Verstorbenen kann diese Bedeutung haben, denn der Schmerz der Trauer ist ja nur ein anderer Ausdruck für die Liebe zu dem Menschen, den man nun vermisst. Und nicht zuletzt kann auch die Art und Weise, in der mit dem Leib des Verstorbenen umgegangen wird, bedeutsam sein. Eine sorgsame Leichenwäsche, das Anlegen von wertvollen Kleidern, ein letztes Über-die-Wangen-Streichen und liebevolles Betrachten drückt aus: „Du bist zwar nicht mehr so da wie zuvor, aber du bist auch nicht einfach weg, denn meine Liebe zu dir ist noch da." Dasselbe gilt für Bräuche wie die Grabpflege oder das Totengedenken. – So gesehen können Begräbnisrituale mächtige spirituelle Gesten angesichts bedrohlich erschütternder Erfahrungen sein.

Der Tod ist zwar ein besonders herausragendes Ereignis, zu dem es unzählige spirituelle Ressourcen gibt: Mythen und Legenden, Bilder und Metaphern, Rituale verschiedener religiöser und kultureller Traditionen. Es sind aber bei weitem nicht nur solche herausragenden, lebensverändernden Ereignisse, denen wir eine spirituelle Bedeutung geben. Genau genommen geben wir fast allem in unserem Leben eine Bedeutung, ordnen es spirituell in unser Leben ein und pflegen im Umgang damit bestimmte Rituale.

Auch im Blick auf eher alltägliche Dinge wie beispielsweise unsere Beziehungen, unser Essen, Wohnen, Arbeit, Krankheiten, Abschiede, Kleidung und so weiter, ist es elementar für uns, welche Bedeutung wir ihnen beimessen und in welchen Ritualen wir das zum Ausdruck bringen. Das Abendkleid und das gute Essen an einem besonderen Festtag, das Tischgebet und die gemeinsame Mahlzeit im Familienkreis, der Einstand im Büro, das Händeschütteln mit dem Gegner nach einer sportlichen Auseinandersetzung, der Applaus im Konzert, die Gute-Nacht-Geschichte, der Abschiedskuss, die freundschaftliche Umarmung: Die Pflege dieser Rituale und die darin inbegriffene Bedeutungsgebung geschehen oft so selbstverständlich, dass wir uns ihrer bis-

pirtualität ist Lebensbewältigungstechnik

weilen erst dann bewusst werden, wenn wir Menschen begegnen, die andere Bedeutungen und andere Rituale kennen als wir, beispielsweise bei einem Aufenthalt im Ausland oder in der Auseinandersetzung mit Angehörigen einer anderen Generation oder Herkunft.

1.2.3 Spiritualität als Lebensbewältigungstechnik

Allerdings ist es natürlich auch kein Zufall, dass gerade der Tod in den meisten spirituellen Traditionen eine herausragende Rolle spielt. Denn Spiritualität kann man auch als eine Lebensbewältigungstechnik beschreiben. Sie ermöglicht es uns nämlich, gerade auch tragischen Erfahrungen einen Sinn zu geben, und bewahrt uns somit davor, an der Sinnlosigkeit dieser Erfahrungen zu zerbrechen. Das geschieht beispielsweise, wenn wir im Trauerfall die spirituellen Ressourcen unserer Religion nutzen, um uns von der Hoffnung trösten zu lassen, dass unser verstorbener Angehöriger im Himmel bei Gott ist und wir ihn dort einmal wiedersehen. Es geschieht auch, wenn wir unserer Trauer im Kreis der Hinterbliebenen Raum geben und uns dabei der Zusammengehörigkeit der Lebenden versichern und der Hoffnung, gemeinsam eine gute neue Lebensphase gestalten zu können. Diese Funktion erfüllt Spiritualität auch in anderen einschneidenden Lebensmomenten.

Stellen wir uns einen Menschen vor, der den Sinn seines Lebens darin sieht, sein musikalisches Talent zu entfalten, um eine große Karriere auf den berühmtesten Konzertbühnen dieser Welt zu machen. Dieser Mensch kommt an den Punkt, an dem er einsehen muss, dass sein Talent dazu nicht ausreicht. Um mit dieser Einsicht leben zu können – und nicht an ihr zu zerbrechen, muss er seiner für den großen Erfolg ungenügenden Begabung eine Bedeutung geben, mit der er leben kann. Und: Er muss sich einen neuen Lebenssinn suchen. Das kann auf ganz verschiedene Weise gelingen und auf welche Weise es tatsächlich gelingt, ist ganz der betroffenen Person und ihren spirituellen Ressourcen überlassen. Eventuell wird sie sich in diesem Moment erst neue Ressourcen erschließen müssen, die es ihr erlauben, ihrem Leben einen anderen Sinn zu geben. Das braucht Zeit. Wahrscheinlich wird sie zunächst eine Phase der Trauer – und vielleicht sogar der Verzweiflung – durchlaufen, bevor sie dazu im Stande ist. Stellen wir uns vor, dieser Mensch unternimmt, um sich abzulenken, einen Einsatz als Volontär. Er reist für einige Monate in ein Land, das sich nach einem Bürgerkrieg im Aufbau befindet. Dort ergibt es sich, dass er traumatisierten Kindern das Spielen eines Instrumentes beibringen kann und ihnen so ein Stück Lebensfreude zurückgibt. Dieser Einsatz kann ihm das Gefühl geben, jetzt erst den Sinn seiner musikalischen Begabung begriffen zu haben. Die musikalische Arbeit mit leidenden Kindern erscheint ihm mit einem Mal erheblich sinnvoller, als auf den großen Bühnen vor einem gutbürgerlichen Publikum zu spielen. Vielleicht kommt es aber auch ganz anders und die Person erlebt einen Zusammenbruch und lernt in der Reha einen anderen Menschen kennen, der eine ähnliche Lebenskrise zu überwinden hat. Die beiden finden zueinander. Die bloße Tatsache, dass sie sich ohne ihre jeweiligen Lebenskrisen nicht gefunden hätten, kann ihren Krisen im Nachhinein einen Sinn geben und sie mit ihren schmerzlichen Erfahrungen versöhnen. Wie auch immer es kommt: Es ist die Sinngebungsfähigkeit eines Menschen, die ihm hilft, selbst im Verlust eines als sinnvoll erlebten Lebensinhaltes einen Sinn zu entdecken und diesem Verlust damit seinen kränkenden und lebenszerstörenden Charakter zu nehmen.

Auch hochgradig tragische Erfahrungen können bisweilen spirituell bewältigt werden, ebenso wie bestimmte spirituelle Ressourcen Menschen dazu bringen können, Unvorstellbares auf sich zu nehmen. Denken wir an Widerstandskämpfer im Dritten Reich wie Dietrich Bonhoeffer oder die Mitglieder der Weißen Rose, Menschenrechtsaktivisten wie Denis Mukwege oder Nadia Murad und viele andere weithin unbekannte Menschen, die es fertigbringen, schweren Schicksalsschlägen und menschlicher Bosheit einen letzten Sinn abzuringen, sodass sie ihnen nicht bloß mit Verzweiflung, Angst und Hass, sondern mit noch mehr Kraft, Weisheit, Witz oder Gelassenheit begegnen und sie überwinden können. Das heißt, Menschen können auch extrem belastende Situationen überwinden, wenn es ihnen gelingt, ihnen einen Sinn zu geben. So gesehen ist Spiritualität die Fähigkeit, mit der wir uns vor Sinnlosigkeit schützen.

Es gibt, wie gesagt, Menschen, die bei dieser Sinngebung auf spirituelle Ressourcen zurückgreifen, die keinen religiösen Hintergrund haben. Aber für viele Menschen spielt Religion dabei eine große Rolle, denn religiöse Traditionen bieten einen unermesslichen Schatz an spirituellen Ressourcen. Katholiken finden – wie Christen anderer Konfessionen und Menschen anderer Religionen – in ihrem religiösen Schatz unzählige Bilder, Texte und Rituale, die ihnen in bestimmten Situationen helfen können. Der leidende und auferstandene Jesus kann mir, wenn ich selbst leide und mit meinem baldigen Tod konfrontiert bin, Hoffnung geben, dass Gott mein Leiden sieht und dass es nach diesem Leiden, wenn auch vielleicht erst jenseits des Todes, für mich ein anderes, befreites Leben gibt, sodass ich mein Leben auch jetzt schon ohne den quälenden Schmerz der Sinnlosigkeit leben kann. Der Bibelvers „Meine Gedanken sind nicht eure Gedanken" (Jes 55,8) kann mich trösten, wenn ich mir mein Leben anders vorgestellt habe, als es ist. Er kann besagen: Im Letzten steht Gott hinter allem für mich Unverständlichen in meinem Leben und darum kann ich mich trotz aller schmerzenden Erfahrungen und offenen Fragen in seinen Händen geborgen wissen. Die Josefsgeschichte und der Bibelvers „Ihr habt Böses gegen mich im Sinn gehabt, Gott aber hatte dabei Gutes im Sinn" (Gen 50,20) kann mir, wenn ich mich von anderen ungerecht behandelt weiß, helfen, dennoch hoffnungsvoll und versöhnlich in die Zukunft zu schauen. Das Rosenkranzgebet kann mir helfen zur Ruhe zu kommen, wenn ich innerlich aufgewühlt und von vielen Sorgen geplagt bin. In der Beichte kann ich meine Reue über eine schlechte Handlung zum Ausdruck bringen, mir die Vergebung Gottes zusprechen lassen und so Erleichterung erlangen. Natürlich können manche dieser Ressourcen für manche Katholiken auch wenig hilfreich oder gar belastend sein – je nachdem was sie persönlich damit jeweils verbinden. Und natürlich können Katholiken auch spirituelle Ressourcen helfen, die nicht direkt aus ihrem eigenen religiösen Ressourcenschatz stammen. Kurz: Nicht allen Menschen helfen dieselben spirituellen und religiösen Ressourcen.

1.3 Spirituelle Selbstbestimmung

Ob ein bestimmter Mensch Spiritualität als Lebensbewältigungstechnik so beherrscht, dass er gut durchs Leben kommt, hängt davon ab, ob er die spirituellen Ressourcen hat oder sich aneignen kann, die er braucht, um das einzuordnen und zu bewältigen, was ihm in seinem Leben begegnet. Mit anderen Worten: Es hängt davon ab, wie spirituell handlungsfähig er ist. Spirituelle Handlungsfähigkeit kann man als einen bewussten und souveränen Umgang mit spirituellen Ressourcen beschreiben, wie er beispielsweise von Ignatius in seinem Exerzitienbuch empfohlen wird.[8]

Man kann sie aber genauso als einen eher unterbewussten, intuitiven Umgang mit den größeren und kleineren Herausforderungen des Lebens betrachten, als ein unreflektiertes Zurückgreifen auf verinnerlichte Bilder und Rituale.

Nicht jeder Mensch kann jede Art von spiritueller Ausstattung erwerben und keine spirituelle Ausstattung kann sicher gewährleisten, dass jede mögliche Erfahrung bewältigt werden kann. Es gibt zweifellos Erfahrungen, die tendenziell jeden überfordern: Folter, Bürgerkrieg, die Schuld am Tod eines anderen oder der Tod des eigenen Kindes. – Umgekehrt wird es immer auch Menschen geben, die mit einer relativ bescheidenen spirituellen Ausstattung und einer eher eingeschränkten spirituellen Handlungsfähigkeit dennoch gut durchs Leben kommen, einfach weil sie vor Erfahrungen verschont bleiben, die ihre spirituellen Möglichkeiten übersteigen.

Aber was genau heißt es, „spirituell handlungsfähig" zu sein, und wie wird man das? Im Normalfall baut ein Mensch seine Spiritualität im Laufe seiner Kindheit und Jugend zusammen mit seiner Psyche und seiner Persönlichkeit auf und entwickelt sie im Erwachsenenalter weiter. So wie er im Idealfall nach und nach lernt, seine Gefühle zu verstehen und zu regulieren, ethisch verantwortungsvoll zu handeln und die Welt intellektuell zu verstehen, lernt er auch spirituell. Und so wie er als Erwachsener im Normalfall selbstverständlich sein Denken und Fühlen selbst reguliert, frei gestaltet und ausdrückt, tut er das auch mit seiner Spiritualität. Das heißt, er lernt als Kind und Jugendlicher nach und nach, Dingen Bedeutung zu geben, gemäß ihrer Bedeutung mit ihnen umzugehen, sie einzuordnen und zu bearbeiten. Er lernt Rituale kennen und lernt sie so zu begehen, wie es ihm entspricht. Im Idealfall lernt er auch einschneidenden und potentiell belastenden Erfahrungen einen positiven Sinn zu geben. Vor allem aber verinnerlicht er, dass er sein spirituelles Leben frei gestalten kann, dass er sich spirituell entwickeln darf, bestimmte Praktiken und Vorstellungen aufgeben und sich andere zu eigen machen kann, dass und wo er sich dazu Hilfe holen kann und dass er selbst entscheidet, ob und von wem er sich Hilfe holt. Denn *spirituelle Selbstbestimmung besteht darin, die Sinnfindung und Sinngebung im eigenen Leben selbstbestimmt vornehmen zu können.* Dabei spielen spirituelle Ressourcen und der Zugang zu Quellen spiritueller Ressourcen eine wichtige Rolle.

1.3.1 Spirituelle Ressourcen

Im Laufe seines Lebens bekommt jeder Mensch nach und nach verschiedene spirituelle Ressourcen an die Hand, die ihm zur Verfügung stehen, wenn es darum geht, seinem Leben, seinen Erfahrungen und den Dingen um ihn herum einen Sinn zu geben. Er kommt in verschiedenen Erzählungen und Geschichten mit Identifikationsfiguren in Berührung, die ihn für eine gewisse Zeit oder gar fürs ganze Leben begleiten. Er lernt die Geschichten und Konzepte der Gruppen kennen, zu denen er gehört: die seines Landes, seiner Familie, seiner Religionsgemeinschaft, seines Sportvereins. Er lernt, sich mit den Vorbildern, Texten, Ritualen auseinanderzusetzen, die sie ihm anbieten, und entwickelt vermutlich ein besonderes Verhältnis zu jenen, die seiner Persönlichkeit und Lebenssituation am ehesten entsprechen. Er lernt, sich die Konzepte, Denkweisen, Ideale und Hoffnungen zu eigen zu machen, die er in den spirituellen Traditionen seines Umfeldes vorfindet, vor allem jene, die ihm besonders eingängig und naheliegend sind, während er mit manchen vielleicht weniger anfangen kann und er einige womöglich auch ablehnt. So wird er nach und nach fähig, die Frage nach dem Sinn seines Lebens für sich zu beantworten und seinem Leben selbst eine Richtung und ein Ziel zu geben. Im Idealfall ist er dann auch in der Lage, sogar überraschende und belastende Ereignisse auf eine Weise zu deuten und mit ihnen so umzugehen, dass sie ihn nicht aus der Bahn werfen.

Die spirituellen Traditionen des Katholizismus bieten unzählige spirituelle Ressourcen. Neben den biblischen Geschichten und deren zahlreichen Auslegungsmöglichkeiten – die an sich schon eine schier unüberschaubare Fülle bieten – gibt es die Texte von geistlichen Lehrern und Lehrerinnen, Theologinnen und Theologen aus vielen Jahrhunderten. Es gibt eine Fülle von Ritualen, Liedern, Gebetsformen, Sakralorten und Sakralkunst und natürlich gibt es die Lebensgeschichten kanonisierter Heiliger ebenso wie die weniger bekannter heiligmäßiger Menschen oder auch die aktuell noch Lebender, die auf ganz verschiedene Weise und in verschiedenen Umständen auf inspirierende Weise gehandelt haben. Außerdem gibt es natürlich eine Vielzahl spiritueller Konzepte, wie Gnade, Schöpfung, Gotteskindschaft, Natur, Erlösung, Schuld, Vergebung, Berufung, guter Kampf. Sie alle können helfen, mit bestimmten Situationen gut umzugehen, das eigene Leben und bestimmte Ereignisse darin zu verstehen, ihnen einen Sinn zu geben und gut mit ihnen zu leben.

Dabei gibt es, wie schon gesagt, nicht die *eine* katholische Spiritualität. Es gibt vermutlich nicht einmal spirituelle Ressourcen, die zu hundert Prozent katholischen Ursprungs sind. Vielmehr bestehen die spirituellen Traditionen des Katholizismus zum großen Teil aus Elementen anderer Traditionen. Bestimmte, heute als typisch katholisch angesehene Texte, Rituale und Gebetsformen stammen aus dem Judentum, andere haben ihre Wurzeln im Brauchtum bestimmter Volksstämme oder in antiken Kulten. Der Rosenkranz beispielsweise ist erst im Hochmittelalter entstanden und greift eine ursprünglich hinduistische und buddhistische Gebetsform auf, nämlich die Gebetsschnur.[9] Aber nicht nur in früheren Jahrhunderten, sondern auch heute greifen katholische Christen ganz selbstverständlich auch auf die spirituelle Tradition anderer Religionen sowie auf die ihres jeweiligen Kulturkreises, ihrer Familie, ihrer sozialen Schicht oder ihres Berufsstandes zurück. So kommt es, dass Rituale, die in einer bestimmten Zeit oder Region zutiefst mit katholischer Spiritualität verbunden sind, wie beispielsweise Reiterprozessionen, Barbarazweige, Bußgürtel oder der Día de los Muertos, für katholische Gläubige eines anderen zeitlichen und regionalen Kontexts ganz unbekannt oder gar befremdlich sind.

Nichts anderes als das, was „der Katholizismus" tut, tut der einzelne Katholik, wenn er selbstbestimmt mit spirituellen Ressourcen umgeht. Er wählt sich diejenigen Ressourcen, die ihm in seiner Lebenssituation am geeignetsten erscheinen. Je nachdem, welche Persönlichkeit ein Mensch hat, welche Erfahrungen er im Leben gemacht hat, vor welchen Herausforderungen er steht, wird er bestimmte spirituelle Ressourcen lieber nutzen als andere. Was dem einen hilft, kann einem anderen womöglich gar schaden. Beispielsweise praktiziert nicht jeder Katholik dieselbe Gebetsweise. Manche lieben den Rosenkranz. Andere empfinden ihn nicht als zum Beten geeignet. Manche Menschen lieben die Psalmen und das Stundengebet. Andere finden sie verstörend, weil ihnen die Sprache der Psalmen fremd ist oder weil darin immer wieder auch blutige Bilder vorkommen und es ihnen nicht gelingt, diese als mehr oder weniger harmlose Metaphern zu betrachten. Manche Menschen lieben das stille Gebet. Andere finden stilles Gebet bedrückend und beten lieber in der Gruppe, spontan und laut und erleben sich so mit anderen als eine Gemeinschaft im Gespräch mit Gott. Andere finden das geradezu unzumutbar, weil sie ihr Innerstes zwar im Gebet Gott öffnen möchten, aber nicht anderen Menschen. Vielleicht lehnt ein Mensch eine bestimmte Gebetspraxis ab, weil er im Zusammenhang damit schlimme Erfahrungen gemacht hat. Aber auch wenn eine Person schlicht und ergreifend findet, dass sie mit einer bestimmten Praxis „nichts anfangen" kann, ist das völlig legitim, denn: *Sie* betet. *Sie* ist das Subjekt dieser spirituellen Handlung und diese Handlung muss für *sie* Sinn ergeben.

Frei über spirituelle Ressourcen zu verfügen bedeutet schließlich auch, dass ein Mensch sich neue spirituelle Ressourcen erschließen kann, wenn sich herausstellt, dass die ihm bisher bekannten ihm in einer bestimmten Situation nicht weiterhelfen. Das muss nicht einmal ein einschneidendes Erlebnis sein. Es kann ganz einfach der Fall sein, dass ein Mensch sich verändert hat, durch den natürlichen Alterungsprozess, einen neuen Lebensabschnitt, neue Einsichten, neue Aufgaben und dass er entsprechend seine spirituellen Ressourcen erweitern oder anpassen muss, um damit gut klarzukommen. Ein heute siebzigjähriger Rentner wird sicher nicht dieselben spirituellen Ressourcen nutzen, die er als vierzigjähriger Familienvater kurz nach der Wiedervereinigung genutzt hat oder als Student oder Wehrpflichtiger in den 1960ern oder als Erstkommunikant im Nachkriegseuropa. Ähnlich wird ein Ehepaar im Laufe der Zeit seine eigenen Rituale und seine Vorstellungen voneinander wie vom gemeinsamen Leben weiterentwickeln. Die Partner verändern sich. Ihr Leben verändert sich. Es treten Schwierigkeiten auf, die überwunden werden müssen. Vielleicht brechen alte Wunden auf. Unvorhergesehene Ereignisse treten ein. Der Wohlstand nimmt zu oder ab. Elternschaft oder das Ausbleiben von Elternschaft bringen eine Fülle von Veränderungen, Belastungen und vielleicht unausgesprochenen Hoffnungen und Idealen zum Vorschein. Kurz: Das ganz normale Leben bringt

Menschen andauernd in die Situation, ihre spirituellen Ressourcen anpassen zu müssen. Manche alten Bilder, Begriffe und Rituale, die die eheliche Partnerschaft geprägt und getragen haben, tragen irgendwann nicht mehr, neue bieten sich an oder müssen gesucht werden. Dieser Wandel kann, muss aber nicht bewusst und reflektiert geschehen. Viele Menschen werden ihn ohne viel Nachdenken, eher pragmatisch vollziehen, manche vielleicht auch ganz unterbewusst.

Oder stellen wir uns einen Ordensmann vor, der das Gehorsamsgelübde bisher als bereicherndes Element seines Lebens erfahren hat, der nun aber in einer bestimmten Situation Schwierigkeiten hat, länger einen Sinn im Gehorsam zu sehen. Nehmen wir einmal an, Gehorsam hätte für ihn bisher immer bedeutet, vertrauensvoll wie ein Kind zu handeln, und er hätte sich mit der gewissen Geborgenheit, die in dieser Vorstellung liegt, sehr wohl gefühlt. Jetzt aber scheint ihm „kindliches Vertrauen" kein geeigneter Gehorsamsbegriff mehr zu sein. Er fühlt sich mit dieser Vorstellung mit einem Mal nicht mehr wohl. Er hat sich verändert und begreift sich stärker als zuvor als erwachsenen Mann, dessen moralische Pflicht es ist, die Verantwortung für sein Handeln selbst zu tragen. Er fühlt, dass es ihm nicht zusteht, das eigene Handeln in den Verantwortungs-Schatten eines anderen Menschen zu stellen. In diesem Moment wird er sich neu damit auseinandersetzen müssen, was Gehorsam ist und bedeutet, worin sein Sinn besteht. Er kommt nicht darum herum, sich die Frage zu stellen, ob er eine Deutung von Gehorsam findet, die sich mit seiner erwachsenen Eigenverantwortlichkeit verträgt – oder nicht. Würde er für den Gehorsam weiterhin keine andere Bedeutung finden, ihn also weiterhin als das Aufgeben von Verantwortung sehen (Handeln wie ein Kind), dann könnte er nicht mehr guten Gewissens gehorchen. Würde sein Oberer unter diesen Umständen Gehorsam von ihm verlangen, ohne innerliche Überzeugung, würde er ihn nötigen. Will der Mann also wirklich gehorsam sein und seinem Gelübde treu bleiben, muss er sich neue spirituelle Ressourcen erschließen, die es ihm ermöglichen, dem von ihm verlangten Akt einen Sinn zu geben, mit dem er gut leben kann. Wie wird er vorgehen? Er kann sich mit verschiedenen mehr oder weniger hilfreichen oder schwierigen biblischen Bildern auseinandersetzen: Abraham, der bereit ist, seinen Sohn Isaak zu opfern; Maria, die bereit ist, Jesus auf die Welt zu bringen; Jesus, der bereit ist, den Willen des Vaters zu tun; Paulus, der der Stimme vor den Toren von Damaskus folgt. Er kann auf eine Fülle von Texten zurückgreifen, die zum Thema geschrieben worden sind und in denen der Gehorsam zumeist als Bereitschaft dargestellt wird, aufeinander zu hören, Rücksicht zu nehmen und sich gegenseitig zu vertrauen. Manches wird er beiseite lassen, anderes wird er aufgreifen. Vielleicht kommt er so an einen Punkt, an dem er sich eine neue spirituelle Ressource zu eigen gemacht hat: Ein Konzept von Gehorsam, mit dem er seine Berufung als Ordensmann gut leben kann und das seine Eigenverantwortlichkeit nicht wegnimmt. Oder es kommt anders:

Leider reicht es manchmal nicht aus, dass man selbst sich die nötigen Ressourcen zu eigen macht. In manchen Fällen sind wir dabei auf ein Umfeld angewiesen, das uns diese neue Ressource zugesteht. Stellen wir uns vor, der Obere des Ordensmannes würde den Verweis auf das Gehorsamsgelübde manchmal ganz bewusst benutzen, um ihn wie ein Kind zu behandeln. Er würde von ihm ganz deutlich nicht das Übernehmen, sondern das Aufgeben von Verantwortung verlangen, ein Handeln ohne Wissen und Verstehen, ohne Fragen und Eigeninitiative. Dann kommt es vielleicht zu einem offenen persönlichen Austausch zwischen dem Ordensmann und seinem Oberen, der eventuell darauf hinausläuft, dass der Mann erkennt, dass in seiner Kommunität eine Vorstellung von Gehorsam gepflegt wird, die tatsächlich die unkritische Aufgabe von Eigenverantwortung bedeutet und die daher für ihn persönlich untragbar geworden ist. Dann kann es sein, dass der Mann sich letzten Endes dazu veranlasst sieht, diese Gemeinschaft zu verlassen, weil er in ihr den Gehorsam nicht auf eine für ihn verantwortbare Weise leben kann.

1.3.2 Was es bedeutet, spirituell selbstbestimmt und handlungsfähig zu sein

Ich habe bisher von zwei verschiedenen Dingen gesprochen, nämlich von spiritueller Selbstbestimmung und von spiritueller Handlungsfähigkeit. Auch wenn beide oft miteinander einhergehen, ist es wichtig, beides auseinanderzuhalten:

Spirituell *selbstbestimmt* ist, wer sich seine spirituellen Ressourcen frei suchen und sie so verwenden kann, wie er will. Das heißt, spirituell selbstbestimmt ist jeder, der in seiner Spiritualität nicht von anderen Menschen eingeschränkt wird.

Spirituell *nicht selbstbestimmt* ist im Umkehrschluss, wer seine spirituellen Ressourcen nicht selbst wählen kann, sondern wessen Selbstbestimmung von anderen eingeschränkt oder ganz unterdrückt wird. Eine solche Einschränkung ist ein *spiritueller Missbrauch*. Hiervon wird weiter unten ausführlicher die Rede sein.

Spirituell *handlungsfähig* ist, wer alle die spirituellen Ressourcen zur Verfügung hat, die er braucht, um sein Leben als sinnvoll zu empfinden, mit allem, was darin vorkommt, inklusive erschütternder und potentiell bedrohlicher Erfahrungen. Spirituell handlungsfähig ist auch, wer sich die dazu nötigen spirituellen Ressourcen entweder selbstständig oder mit Hilfe anderer beschaffen kann.

Spirituell *nicht handlungsfähig* ist im Umkehrschluss, wer nicht die spirituelle Ausstattung hat, die er braucht, um sein Leben und zentrale Erfahrungen so zu deuten, dass er gut damit umgehen und leben kann. Wer spirituell nicht handlungsfähig ist, befindet sich in *spiritueller Not*, das heißt, er leidet unter Sinnlosigkeit oder unter beschämenden oder belastenden und krankmachenden Deutungen seiner Erfahrungen, muss aber nicht unbedingt spirituelle Gewalt erlebt haben. Oft kann schon ein besonders einschneidendes Erlebnis, das von der Person nicht mit ihren vorhandenen spirituellen Mitteln bearbeitet werden kann, spirituelle Not verursachen.

Stellen wir uns eine junge Frau vor, die in einem ländlich geprägten, völlig homogenen und weitgehend bildungsfernen Umfeld voller archaischer Bräuche aufgewachsen ist und die dann unvermittelt, beispielsweise durch Flucht, in eine ganz anders geprägte, hoch technologisierte und heterogene urbane Umgebung gerät. Angesichts der neuen Eindrücke wird sie vermutlich zunächst spirituell handlungsunfähig sein. Das heißt, ihr fehlen für das, was sie in diesem neuen Umfeld sieht, und für das, was sie darin erlebt und was das für sie bedeuten könnte, wahrscheinlich im ersten Moment die nötigen Identifikationsfiguren, Begriffe und sinnstiftenden Rituale, und sie macht zum ersten Mal in ihrem Leben die Erfahrung, dass die spirituellen Ressourcen, über die sie verfügt, nicht mehr tragen. Wenn sie Pech hat, verfügt sie auch nicht über das Wissen, dass und wie sie sich neue Begriffe, Geschichten, Vorbilder und Rituale suchen kann und darf, und vielleicht gibt es in ihrem Umfeld sogar Leute, die ihr spirituelles Selbstbestimmungsrecht leugnen und untergraben. Dann gerät sie nicht nur vorübergehend in einen Zustand spiritueller Handlungsunfähigkeit, sondern ist zusätzlich auch noch Opfer von spirituellem Missbrauch. Nehmen wir aber einmal im Gegenteil an, niemand schränkt ihre spirituelle Selbstbestimmung ein und ihre spirituelle Handlungsunfähigkeit ist nur ein vorübergehender Zustand. Sie lernt nach und nach ihre spirituellen Ressourcen anzupassen und zu erweitern, bis sie über ein Repertoire spiritueller Handlungsmöglichkeiten verfügt, mit dem sie in ihrer neuen Lebenssituation gut versorgt ist. Vielleicht tauscht sie sich mit Menschen aus, die ihren ursprünglichen spirituellen Hintergrund teilen und sich früher als sie in dieser neuen Umgebung zurechtgefunden haben. Sie erfährt von ihnen, wie sie bestimmte Texte, Rituale, Symbole und Begriffe im Licht der neuen Lebenssituation auslegen kann. Sie lernt Begriffe und Bräuche ihrer neuen Umwelt kennen und macht sie sich zu eigen und so weiter. Spirituell selbstbestimmt und handlungsfähig ist die junge Frau dann, wenn sie genau diese Anpassung, alleine oder mit Hilfe anderer, erfolgreich vornehmen kann und alles, was ihr Leben jetzt ausmacht, so deuten kann, dass es für sie Sinn ergibt.

An dieser Stelle sei eine kleine Randbemerkung gestattet: Vor der spirituellen Herausforderung solcher Zäsuren finden sich nicht nur Einzelne, sondern auch ganze Generationen. Man könnte beispielsweise die Etablierung der historisch-kritischen Methode als eine Zäsur betrachten, die eine gewisse spirituelle Handlungsunfähigkeit bei ganzen Generationen nicht nur von Theologen und Theologinnen, sondern auch von theologisch nicht ausgebildeten Christinnen und Christen ausgelöst hat. Sie hat nämlich praktisch alle diejenigen spirituellen Ressourcen des Christentums in Frage gestellt, die auf eine unkritische Auslegung der Bibel und anderer Texte der „überlieferten Glaubenslehre" zurückgingen (zumindest für jene Christen, die die Notwendigkeit der historisch-kritischen Auseinandersetzung mit den eigenen Glaubensquellen akzeptiert haben). Heute scheint vielen nicht mehr bewusst zu sein, wie groß diese Erschütterung war und wie verzweifelt bisweilen der Versuch ausfiel, angesichts dieser Zäsur den „Glauben nicht zu verlieren"[10] beziehungsweise den überkommenen Begriffen, Texten und Ritualen einen neuen Sinn zu geben, der auch den Erkenntnissen der historisch-kritischen Textlektüre standhielt. Auch wer heute sagt, dass die historisch-kritische Methode zu einer Bereicherung der Bibelfrömmigkeit geführt hat, weil „der große Reichtum biblischer Theologien zum Vorschein kam"[11], wird dabei nicht vergessen, dass das Heben dieses Reichtums nicht nur eine lange und bisweilen schmerzvolle spirituelle und theologische Suche voraussetzte, sondern dass dieser Reichtum vielen Christen weltweit noch immer nicht zugänglich ist, weil sie eine textkritische Herangehensweise an die Glaubensquellen immer noch als Bedrohung ihrer spirituellen Ressourcen auffassen. Diese Auffassung wird nicht selten zum Nährboden für geistlichen Missbrauch, wie weiter unten deutlich werden wird.

Auch wenn das Bedürfnis nach spiritueller Neuorientierung und neuen spirituellen Ressourcen den Reifungsprozess eines Menschen ständig begleitet, ist es selten so groß wie nach einem erschütternden Erlebnis, in einer Krise oder beim Eintritt in einen neuen Lebensabschnitt, wenn eine Person gleichzeitig mit vielen neuen Erlebnissen konfrontiert ist. In manchen Fällen brauchen Personen dabei Hilfe. Das ist der Moment, in dem geistliche Begleitung hilfreich sein kann.

1.3.3 Geistliche Begleitung

Mit „geistlicher Begleitung" wird für gewöhnlich ein seelsorglicher Dienst bezeichnet, zu dem bestimmte Menschen in der Kirche eigens ausgebildet und beauftragt werden.[12] De facto findet geistliche Begleitung aber auch außerhalb dieses professionalisierten Rahmens statt, nämlich überall dort, wo ein Mensch einem anderen spirituelle Ressourcen anbietet. Geistliche Begleitung in einem weiteren Sinne üben also auch Menschen aus, die keine einschlägige Ausbildung genossen haben. Wohl wissend, dass es ausgebildeten geistlichen Begleiter/inne/n Bauchschmerzen bereiten kann, werde ich im Folgenden jede Beziehung als geistliche Begleitung bezeichnen, in der *eine Person einer anderen spirituelle Ressourcen nahebringt, mit Hilfe derer sie das eigene Leben und Erleben deuten und in Ritualen ausdrücken kann.*

Wer einen anderen Menschen geistlich begleitet, bietet ihm im Idealfall geeignete spirituelle Ressourcen an, mit denen er sich selbst spirituell gut versorgen kann. Der geistliche Begleiter sollte dabei sehr behutsam und zurückhaltend vorgehen. Denn die Aufgabe des geistlichen Begleiters besteht darin, die spirituelle Handlungsmächtigkeit der begleiteten Person zu unterstützen, nicht darin, ihre Spiritualität in eine bestimmte Richtung manipulativ zu beeinflussen. Um eine Person begleiten zu können, muss er ihr für sie passende spirituelle Ressourcen anbieten, und um das tun zu können, muss er ihre Lebenssituation erfassen, die vorhandenen spirituellen Ressourcen der Person identifizieren und ihren spirituellen Bedarf ermitteln.

Keinesfalls besteht die Aufgabe des geistlichen Begleiters darin, der von ihm begleiteten Person Vorschriften irgendwelcher Art zu machen, bestimmte Übungen von ihr zu verlangen oder sie zur Annahme bestimmter Vorstellungen zu bewegen. Vielmehr wird er Angebote schaffen, das heißt spirituelle Ressourcen vorschlagen, denen sie frei gegenübersteht, die sie sich so zu eigen machen kann, wie sie will, und die auch jederzeit abgelehnt werden können. – Man wird zweifellos sagen können, dass ein Großteil des Problems „geistlicher Missbrauch" darin besteht, dass Menschen in der Pastoral tätig sind, die ihre eigenen Interventionen nicht selbstkritisch reflektieren, was sie aber tun müssten, um die spirituelle Selbstbestimmung der Begleiteten nicht insgeheim oder gar mit Absicht zu unterminieren. Diese Personen verfügen nur über eine eingeschränkte Reflexionsmöglichkeit ihres Handelns, weil sie eben keine Ausbildung erhalten und keine ethischen Standards geistlicher Begleitung verinnerlicht haben.

Das gilt in gewisser Weise auch für die Beziehung, die ich als die fundamentalste, häufigste und zudem vielleicht verletzlichste Form geistlicher Begleitung bezeichnen möchte: die Eltern-Kind-Beziehung. Auch Menschen, die niemals in ihrem Leben eine andere Art geistlicher Begleitung in Anspruch nehmen, haben geistliche Begleitung durch ihre Eltern erlebt. Denn bevor Kinder eigene Auffassungen vom Sinn des Lebens entwickeln können, machen sie sich die Auffassungen ihrer primären Bezugspersonen zu eigen, indem sie deren Antworten auf die basalen Fragen des Daseins und deren sinnstiftende Rituale übernehmen. Sind die Eltern religiös, gehört dazu auch die Religion der Eltern mitsamt der religiösen Praxis, dem Gottesbild und der Moral. Der Großteil dieses kindlichen spirituellen Lernens geschieht quasi unbemerkt, nebenbei, alltäglich. Das Kind entwickelt seine Spiritualität, indem es die Spiritualität seiner Umwelt wahrnimmt und sich damit auseinandersetzt: die Bilder und Konzepte, die ihm seine Eltern vermitteln, die Erzählungen und Lieder, die es hört, die Bücher, die ihm vorgelesen werden und die es später selber liest, die Bräuche, die in seinem Umfeld regelmäßig begangen werden, die Deutungen, die seinen kindlichen Erfahrungen von seinen Eltern und seinem Umfeld gegeben werden. Diese allererste geistliche Begleitung und die in ihr vermittelten spirituellen Ressourcen sind in ihrer Bedeutung für das spirituelle Wohlergehen eines Menschen wohl kaum zu überschätzen. Wenn Kinder von ihren Eltern ein Bewusstsein für ihr Recht auf spirituelle Selbstbestimmung vermittelt bekommen haben, das Wissen, wie sie sich selbst spirituelle Ressourcen aneignen können und außerdem eine Fülle an Ressourcen, die sie gebrauchen können, haben sie den besten Schutz vor geistlicher Not und vor allem vor spirituellem Missbrauch.

Wichtig ist, sich bewusst zu machen, dass der Schritt von der kritiklosen Aneignung des von den Eltern Angebotenen hin zur selbstbestimmten Wahl der eigenen Ressourcen im spirituellen ebenso wie im intellektuellen oder emotionalen Bereich notwendig über eine inhaltliche Distanzierung in der Jugend geht. Nur diese Distanzierung von elterlichen Vorgaben ermöglicht ein eigenes Urteil und ein eigenes Wählen spiritueller Ressourcen. Jede Form totalitärer Sinnsetzung, egal ob religiös oder anders kodiert, versucht diesen Reifungsschritt zu unterdrücken. Ein Erwachsenwerden findet dann nicht statt und der Manipulation und Ausbeutung sind Tür und Tor geöffnet. Das heißt, wenn Kinder schon durch ihre Eltern spirituellen Missbrauch erlebt haben, wenn ihre Eltern ihnen ein Verbot spiritueller Selbstbestimmung vermittelt und ihnen den Schritt hin zur spirituellen Eigenständigkeit und Handlungsfähigkeit verbaut haben, wird es ihnen schwerfallen, sich später zu spirituell handlungsfähigen Persönlichkeiten zu entwickeln. Sie werden sehr wahrscheinlich in spiritueller Not leben und anfällig für spirituelle Gewalt sein.

Literaturhinweise zu diesem Kapitel

Gerhard Büttner, Entwicklungspsychologie in der Religionspädagogik, 2013.
Viktor Frankl, Der Mensch vor der Frage nach dem Sinn, 1979.
Liane Hofmann, Patrizia Heise (Hg.), Spiritualität und spirituelle Krisen. Handbuch für Theorie, Forschung und Praxis, 2017.

Thomas Metzinger, Spiritualität und intellektuelle Redlichkeit. Ein Versuch. Online zugänglich unter: https://www.blogs.uni-mainz.de/fb05philosophie/files/2014/04/TheorPhil_Metzinger_SIR_2013.pdf, 2014.

Christian Rutishauser, Michael Hasenauer, Mystische Wege. Christlich, integral, religiös, 2016.

Jochen Sautermeister, Empfangen, Aushalten und Gestalten. Christliche Spiritualität als Lebenskunst, in: Wort und Antwort 59 (2018), 11–18.

Magnus Striet, In der Gottesschleife. Von religiöser Sehnsucht in der Moderne, ²2015.

Michael Utsch, Constantin Klein, Religion, Religiosität, Spiritualität. Bestimmungsversuche für komplexe Begriffe, in: Constantin Klein, Hendrik Berth, Friedrich Balck (Hg.), Gesundheit, Religion, Spiritualität, 2011, 25–46.

Paul M. Zulehner, Spiritualität – mehr als ein Megatrend, Ostfildern 2004.

2. Warum spirituelle Selbstbestimmung geboten ist und wo sie ihre Grenzen hat

2.1 Spirituelle Selbstbestimmung aus ethischer Perspektive

Aus ethischer Perspektive gilt für spirituelle Selbstbestimmung genau das, was auch für andere Selbstbestimmungsrechte gilt: *Grundsätzlich hat jeder Mensch das Recht, selbstbestimmt und frei von äußerem Zwang zu handeln.* Diese Selbstbestimmungsrechte sind unter anderem in der Allgemeinen Erklärung der Menschenrechte verankert. Ebenso wie jeder selbst bestimmen dürfen muss, wie er lebt, was er denkt, was er liest, mit wem er Beziehungen eingeht, ob und welchen Sport er ausübt, welche Veranstaltungen er besucht, welchen Beruf er ergreift, wo er sich niederlässt und so weiter, darf auch niemand einem Menschen vorschreiben, welchen Sinn er seinem Leben zu geben hat, welcher Religion er anzugehören hat, wie genau er die einmal gewählte Religion auszuleben hat, welche Vorbilder er sich zu nehmen hat, welche Rituale er zu pflegen hat, wo er sich spirituell zu inspirieren und zu Hause zu fühlen hat, wann und wie er sich neue spirituelle Ressourcen zu erschließen hat und welche das zu sein haben.

Selbstbestimmungsrechte haben aber auch ethische Grenzen. Diese Grenzen liegen da, wo ein höheres Gut in Gefahr gerät. Wer die Selbstbestimmung – also die Freiheit – eines anderen einschränkt, sagt damit also: Es gibt hier etwas, was wichtiger ist als deine Freiheit, und im Namen dieses höheren Gutes steht es mir zu, deine Freiheit in diesem bestimmten Punkt einzuschränken. Ein solcher Anspruch kann selbstverständlich nur in begründeten Ausnahmefällen erhoben werden. Beispielsweise dürfen Menschen mit bestimmten Krankheiten bestimmte Berufe nicht ausüben (auch wenn sie das selbst vielleicht gerne wollten), um sich selbst oder andere nicht zu gefährden. Menschen, die unter dem Einfluss von Rauschmitteln stehen, dürfen sich – auch wenn sie es wollten – nicht hinters Steuer setzen, und akut Suizid-gefährdete können zu ihrem eigenen Schutz vorübergehend in einer Klinik untergebracht werden – auch wenn sie selbst das in diesem Moment nicht wünschen, sondern sich lieber das Leben nehmen wollen. Und selbstverständlich darf niemand – selbst wenn er das wollte – andere Menschen in irgendeiner Form quälen oder misshandeln. Solche Ausnahmen kann es natürlich auch in Bezug auf die spirituelle Selbstbestimmung geben.

Folglich liegen auch die ethischen Grenzen spiritueller Selbstbestimmungsrechte dort, wo andere, wichtigere Rechte verletzt werden. *Niemand darf spirituelle Ressourcen oder Praktiken nutzen, die ihn selbst oder andere Menschen verletzen.* Das gilt im Extremen ebenso wie im scheinbar Harmlosen und Gutgemeinten. Wer glaubt, Gott habe ihm geboten, andere Menschen zu foltern oder auf sonst eine Weise zu quälen, darf diese Überzeugung selbstverständlich nicht ausleben und wird in einem funktionierenden Rechtsstaat für das Ausleben oder Äußern dieser Überzeugung zu Recht juristische Sanktionen erfahren. Aber auch ein Mensch, der beispielsweise den Sinn seines Lebens darin sieht, andere Menschen zum christlichen Glauben zu bewegen, wird sehr vorsichtig sein müssen, die Freiheit dieser Menschen zu achten und sie weder direkt noch subtil unter Druck zu setzen. Und selbstverständlich darf niemand eine Spiritualität pflegen, die anderen direkten Schaden zufügt. Dazu muss man nicht auf das Extrembeispiel Menschenopfer verweisen, das so fernliegt, dass uns seine Schrecklichkeit kaum wirklich beeindrucken kann. Stellen wir uns dagegen eine Mutter vor, die ihr Kind zum Fasten oder zum Gottesdienstbesuch nötigt. Selbst wenn es für die Mutter große Bedeutung hat, dass ihr Kind mit ihr in die Kirche geht und fastet und sie dem Kind durch den Zwang nicht unbedingt körperlichen Schaden zufügt: Der geistliche und womöglich der emotionale Schaden kann erheblich sein, gerade wenn er im Namen eines allmächtigen und allwissenden Gottes ausgeübt wird. Kurz: Die Selbstbestimmung anderer Menschen einzuschränken oder ihnen gar Schaden oder Zwang irgendeiner Art zuzufügen, lässt sich niemals mit dem Recht auf die eigene spirituelle Selbstbestimmung rechtfertigen.

Wo die Selbstbestimmung von Menschen gewaltsam eingeschränkt wird, können mitunter Dritte die Pflicht haben, die Freiheit des Betroffenen – im obigen Beispiel die des Kindes – zu schützen. Das kann der Vater sein oder die Großmutter, der Pfarrer oder eine Lehrerin oder wer immer zum Zeugen dieses Missbrauchs wird und eine Verantwortung gegenüber diesem Kind hat. Wenn kirchliche Mitarbeiter geistlichen Missbrauch begehen, sind es deren Vorgesetzte, die in der Pflicht stehen, diesen Missbrauch zu beenden, die Rechte der Opfer zu schützen, die Täter zur Verantwortung zu ziehen und potentielle Opfer ebenso wie potentielle Täter durch Aufklärung vor weiterem Missbrauch zu bewahren. Dazu weiter unten noch mehr.

Ethische Grenzen der Selbstbestimmung liegen möglicherweise aber nicht nur dort, wo ein Mensch eine Spiritualität pflegt, die anderen schadet, sondern auch dort, wo ein Mensch sich selbst schadet. Auch hier bietet sich die Parallele zu anderen Freiheitsrechten an: So wie es Fälle gibt, in denen ein Mensch vor sich selbst geschützt werden muss, beispielsweise wenn jemand schwer suchtkrank ist oder sich das Leben nehmen will oder wenn er aus jugendlichem Übermut Risiken eingeht, deren Tragweite er nicht absehen kann, so *kann mitunter auch die spirituelle Selbstbestimmung auf eine Weise praktiziert werden, mit der ein Mensch sich selbst schadet.* Das kann eine frei gewählte, aber giftige spirituelle Ressource sein, etwa das Bild eines strafenden Gottes oder die Praxis eines übermäßigen Fastens, oder auch ein vermeintlich frei gewählter, gefährlicher geistlicher Führer, der die spirituelle Freiheit der ihm anvertrauten Person nicht achtet, sondern sie in einen Zustand der Abhängigkeit bringt. Wer sich mit seiner eigenen Spiritualität offensichtlich schadet, kann sich daher nicht auf sein Selbstbestimmungsrecht berufen, um das gewissermaßen in Ruhe tun zu dürfen. Vielmehr stehen die Personen, die eine Verantwortung gegenüber diesem Menschen haben, in der moralischen Pflicht, ihn von der Schädlichkeit seiner Spiritualität zu überzeugen und ihm womöglich gar den Zugang zu diesen Ressourcen aktiv zu verwehren. Das ist ein ausgesprochen schwieriges Unterfangen. Ich habe viele Menschen kennengelernt, insbesondere Eltern, die über lange Zeiträume hinweg vergeblich versucht haben, ihre spirituell vergifteten Kinder zu erreichen und sie zu einem gesunden Leben zurückzubringen. Der Schmerz und die Verzweiflung dieser Eltern können keinen unberührt lassen. Man würde ihnen gerne helfen, dennoch kann man ihnen oft nur wenig Hoffnung machen. Der beste Weg, spirituell vergiftete Menschen zu erreichen, scheint mir nach wie vor im möglichst kundigen Dekonstruieren der genutzten schädlichen Ressourcen zu bestehen, einhergehend mit dem Anbieten von klug gewählten alternativen Spiritualitäten, einem möglichst zurückhaltenden und zugewandten Auftreten und dem Anbieten von gesunden und tragfähigen Beziehungen. Auf diesem Weg wird man den Betroffenen jedenfalls eher erreichen als mit Vorwürfen, rechthaberischen Diskussionen und lieblosen Interventionen.

2.2 Spirituelle Selbstbestimmung ist theologisch geboten

Spirituelle Selbstbestimmung ist aber nicht nur ethisch, sondern ebenso theologisch geboten. Wir gehen selbstverständlich davon aus, dass ein Mensch nur aus freien Stücken zum Glauben kommen kann und dass ein erzwungener Glaube kein Glaube ist, sondern nur ein leeres Lippenbekenntnis, eine hohle Geste oder ein Eintrag in einer Kartei. Wie sollte dasselbe dann nicht auch für die Art und Weise gelten, in der Menschen ihren Glauben leben? Sie muss ebenso frei gewählt werden wie der Glaube selbst. So wie ein aufgezwungener Glaube kein authentischer Glaube ist, ist auch eine aufgenötigte Spiritualität keine Spiritualität, sondern ein bloßes Nachplappern von Wörtern oder ein Ausführen bestimmter vorgegebener Akte. Dass ein Mensch frei mit Gott in Beziehung treten kann, sein Gottesbild, seine Gebetsform, seine Berufung, seinen geistlichen Begleiter, seine spirituellen Handlungen frei wählen kann, ist eine absolute Grundvoraussetzung dafür, dass er selbst überhaupt ein spirituelles Leben führen kann. Ohne diese dem Menschen von Gott gegebene Freiheit, kann der Mensch gar nicht wirklich mit Gott in Beziehung treten. Wer seine spirituelle Freiheit aufgibt, was auch immer er damit bezweckt, wird damit ein Ziel unbedingt verfehlen, nämlich das, Gott näher zu kommen.

Das heißt, auch und gerade wer andere Menschen zum Glauben an Gott bewegen möchte, darf die Freiheit dieser Menschen auf keinen Fall untergraben, um dieses Ziel zu erreichen. *Freiheit ist die Bedingung des Glaubens und damit auch der Art und Weise seines Vollzuges.* Darum darf auch jemand, der Brüdern und Schwestern im Glauben bestimmte spirituelle Ressourcen nahebringen will, die ihnen *helfen* sollen, ihre Gottesbeziehung zu leben, *unter keinen Umständen Druck ausüben.*

Der Grund dafür, dass spirituelle Selbstbestimmung theologisch geboten ist, liegt darin, dass christliche Spiritualität Ausdruck des christlichen Glaubens ist und dass Glaube Beziehung ist, nämlich Beziehung zu Gott. In einer Beziehung geht es – wie scheinbar banal – um (mindestens) zwei Personen. Das heißt, nur wenn in meiner Gottesbeziehung nicht nur Gott (beziehungsweise das, was ich für Gott halte oder was mir über Gott erzählt wird) eine Rolle spielt, sondern auch ich, meine Person, meine Geschichte und meine Individualität, wenn ich *mit* dem allen in diese Beziehung zu Gott eintrete, die wir Glauben nennen, – und es nicht ablegen muss, wenn ich in diese Beziehung eintrete – nur dann kann ich überhaupt von einer Gottesbeziehung beziehungsweise von Glauben sprechen.

Das gilt umso mehr, als Gott – anders als ein anderer Mensch – nie direkt erfahren werden kann. Anders als ein Mensch das tun würde, sagt mir Gott nicht direkt, was er von mir will, wer er für mich sein will und wer ich für ihn bin. Das alles muss ich gewissermaßen selbst herausfinden, indem ich beispielsweise die Bibel lese, bete, in mich hineinhöre und mich mit anderen Christen austausche. In diesem Suchprozess spielt meine Persönlichkeit eine wichtige Rolle. Ohne sie oder an ihr vorbei werde ich Gott nicht finden. Deshalb missachten geistliche Begleiter oder „Führer", die verlangen, dass jemand *gegen* seine eigene Persönlichkeit und sein Empfinden handelt, um zu Gott zu gelangen, nicht nur die spirituelle Selbstbestimmung der ihnen Anvertrauten und begehen somit geistlichen Missbrauch, sondern sie handeln geradezu *blasphemisch*, indem sie vorgeben, einen unmittelbareren Zugang zu Gott zu haben als die Menschen, die sie begleiten. Zugespitzt: Sie sprechen im Namen Gottes und setzen sich selbst an seine Stelle.[13]

Wenn der Glaube eine Beziehung ist und eine Beziehung frei sein muss, dann kann man sich spirituellen Missbrauch wie eine unfreie oder gewalttätige Beziehung vorstellen, in der ein Mensch nicht frei zu Gott in Beziehung treten kann, sondern in der jemand ihm ein bestimmtes Gottesbild oder bestimmte Praktiken aufzwingt. Stellen wir uns einen Mann vor, der seiner Frau Folgendes vorschreiben würde: Wenn sie mit ihm zusammen sein will, soll sie zuerst den Kontakt zu ihrer Familie und ihren Freunden abbrechen, ihre Arbeitsstelle aufgeben und fünfzehn Kilo abnehmen. Sie soll nur noch enge Kleider und Röcke tragen und sich bestimmte Gesichtsausdrücke abgewöhnen. – Ein solches Verhältnis wäre zweifellos keine Liebesbeziehung. Durch seine Vorschriften würde dieser Mann die Liebe der Frau geradezu verhindern. Er würde sich selbst der Möglichkeit berauben, ihre Liebe zu erfahren, denn *sie*, mit ihrer Individualität, ihrer Geschichte und ihrem Willen, will er in dieser Beziehung ja offensichtlich gar nicht haben. Er will nicht ihre Liebe, sondern ihre Unterwerfung und seine Dominanz über sie. Und selbst wenn sie, aus Verliebtheit, alle seine Forderungen erfüllt, liebt sie ihn dadurch nicht. Denn da ist kein Platz mehr für *ihre* Liebe, *ihre* Persönlichkeit, für Gefühle, Worte und Gesten, die *ihrem* Herzen entspringen. Alles, was in dieser Beziehung geschähe, wäre ein permanentes Abhaken *seiner* Auftragslisten und ihre bedingungslose Selbstaufgabe. Traurigerweise gibt es solche missbräuchlichen Beziehungen zwischen Menschen.[14] Vieles von dem, was Betroffene erzählen, hat Ähnlichkeiten mit dem spirituellen Missbrauch, der auch in bestimmten katholischen Gemeinschaften begangen wird.

Freiheit ist eine Voraussetzung für Beziehungen. Das gilt für zwischenmenschliche Beziehungen ebenso wie für die Gottesbeziehung. Das heißt, wer glauben will, kommt nicht darum herum, im eigenen Leben, in der eigenen Erfahrung nachzuspüren und sich die Frage zu stellen: Unter all den Namen Gottes, unter allen Bildern, allen Geschichten, die wir von

Kontraproduktiv genau das Gegenteil von dem
bewirken was die Vorschriften und Verhaltensforderungen
ausdrücken und dabei systemkonform erscheinen

ihm haben: Welche finden in *mir* einen Widerhall? Aus allen Liedern, mit denen wir Gott loben: Welches Lied ist *meines*? Welche Worte kommen aus *meinem* Herzen, wenn ich mich Gott zuwende? Aus allen rituellen Vollzügen, aus allen möglichen Arten, Gottesdienst zu feiern: Welche Art ist *meine*? Wer auf diese Auseinandersetzung mit sich verzichtet – womöglich aus Skrupeln oder aus Unwissen, aus welchen Gründen auch immer – und stattdessen unreflektiert Auftragslisten abhakt (sonntags in die Kirche gehen, freitags kein Fleisch essen, die Osterbeichte nicht vergessen und jeden Tag im Buch von Pater xy lesen), der kann kaum ernsthaft davon sprechen, dass er mit diesen Vollzügen seinen eigenen Glauben ausdrückt. Das gilt umso mehr für Menschen, die in elitäre kirchliche Bewegungen hineingeraten und in der Vorstellung, dass viele religiöse Verpflichtungen umso näher zu Gott führen müssten, sehr umfangreiche Auftragslisten abarbeiten und kaum eine Minute ihres Lebens mehr aus eigenem Antrieb und Willen, frei und selbstbestimmt zu handeln vermögen – ja, die Skrupel haben, selbstbestimmt zu handeln: Je mehr sie ihre spirituelle Selbstbestimmung aufgeben, desto weiter entfernen sie sich von allem, was es verdienen würde, als Glauben oder Gottesbeziehung bezeichnet zu werden.

Kurz: Nur eine frei gewählte Spiritualität ist Spiritualität, und spirituelle Ressourcen müssen sich daran messen lassen, ob sie zur Persönlichkeit und den Bedürfnissen eines bestimmten Menschen passen, ob sie ein authentischer Ausdruck seiner selbst sind, ob sie ihm helfen, sich und seine Erfahrung in der Gottesbeziehung auszudrücken. Das heißt auch: Wenn eine bestimmte Ressource von einem bestimmten Menschen nicht gewollt ist, wenn er mit einem bestimmten Gottesbild, einem Bibelvers, einer Gebetsart nichts anfangen kann, sie ihm nicht hilft, Gott zu lieben, zu beten oder mit einer bestimmten Erfahrung gut fertig zu werden,

Eine Systematik, die vom Bösen als Strategie eingesetzt wird

dann gibt es keine theologische oder pastorale Rechtfertigung dafür, ihn dennoch zur Annahme dieser Ressource zu nötigen. Im Gegenteil: Eine solche Nötigung würde in jedem Fall seine geistliche Freiheit gefährden – und damit unmittelbar auch seine Gottesbeziehung.

2.3 Gibt es theologische Grenzen spiritueller Selbstbestimmung?

Nun könnte man die Frage stellen, ob es – ähnlich wie ethische – auch theologische Grenzen spiritueller Selbstbestimmung gibt. Dieser Frage soll etwas mehr Raum gegeben werden, weil sie mir besonders sensibel zu sein scheint. Das liegt unter anderem daran, dass katholische Seelsorger mancherorts auch heute noch in dem Selbstverständnis ausgebildet werden, sie wüssten besser als die Gläubigen, was spirituell gut und richtig ist, und müssten sie deshalb mit Nachdruck auf den rechten Weg führen, um ihr Seelenheil „kämpfen" und sie, wenn nötig, auch mit väterlicher Strenge oder Zurechtweisung behandeln. Ein guter Teil dieses Selbstverständnisses kommt aus einer vergangenen Epoche. Aber einen nicht zu vernachlässigenden Anteil dieses Selbstverständnisses machen auch religiöse Überzeugungen aus, die mittlerweile zwar theologisch, aber nicht unbedingt überall auch in der Praxis überwunden sind und die – wären sie begründet – ein übergriffiges seelsorgerliches Verhalten tatsächlich rechtfertigen würden. Denn wenn es einen objektiven Sinn des Lebens gäbe und der Seelsorger den genau kennen würde, und zwar besser als der Mensch, für den er da sein soll, dann irrte sich dieser Mensch, wenn er seinem Leben einen anderen Sinn gäbe, und der Seelsorger wäre im Recht, wenn er ihn auf den „wahren" Sinn des Lebens hinwiese und versuchte, ihn von seinen persönlichen Vorstellun-

gen abzubringen. Wenn ein Priester beispielsweise die Annahme verträte – und wenn er damit Recht hätte –, dass nur
die in den Himmel kommen, die vor dem Tod gebeichtet haben, und alle, die vor dem Tod nicht beichten wollen, der
ewigen Verdammnis anheimfallen, dann muss er natürlich alles versuchen, um Menschen, die im Sterben liegen, zu dieser
Beichte zu bewegen, denn es geht um ihr ewiges Glück. Diese
und ähnliche Auffassungen, die die spirituelle Selbstbestimmung des Einzelnen in Frage stellen und die lange in der Kirche verbreitet waren, nehmen in aller Regel aber weder Gott
noch den Menschen ernst und gelten eben daher heute zu
Recht als theologisch unhaltbar. Das bedeutet wohlgemerkt
nicht, dass solche Vorstellungen nicht mehr vertreten würden. Wo sie vertreten werden, bilden sie nicht selten den Hintergrund für geistlichen Missbrauch.[15]

Es bleibt allerdings die Frage, ob es vielleicht doch so etwas wie theologische Grenzen spiritueller Selbstbestimmung
gibt. Verschiedene Szenarien sind denkbar. Stellen wir uns
zunächst einen Katholiken vor, der frei über seine spirituellen
Ressourcen verfügt und der dabei an einen Punkt kommt, an
dem ihm weder die Bibel noch die kirchliche Liturgie noch
das Gebet noch sonst etwas, was gemeinhin als unbedingt
zum katholischen Glauben gehörig betrachtet wird, etwas
bedeutet. Nehmen wir an, er hätte stattdessen spirituelle Ressourcen anderer Art für sich entdeckt. Vielleicht ist er ein Be-
rufsmusiker und geht schließlich ganz in der Welt der Musik
auf, die ihm jeden Gottesdienst, jedes Gebet, ja Gott selbst
ersetzt. Oder er ist sozial engagiert und findet, dass der Sinn
des Lebens in der Sorge für Arme besteht und er für diese Arbeit keinen Gott braucht. Seine Rituale, seine Geschichten,
die Bedeutungen, die er den Dingen in seinem Leben gibt,
kommen nicht mehr aus christlich gefärbten Quellen. Könnte
man da nicht sagen, er habe bestimmte Grenzen spiritueller

Selbstbestimmung überschritten? Müsste seine geistliche Begleiterin nicht irgendwie auf ihn einwirken und versuchen, ihn wieder zum Glauben und zur Glaubenspraxis zurückzuführen? – Aber wie könnte das aussehen? Welche Grenzen könnte man formulieren? Sollen wir zu ihm sagen: Ja, du darfst dir dein Gottesbild frei aussuchen, aber du solltest schon ein *Gottes*bild haben. Du darfst die Bibel mit deinen Augen lesen, aber die *Bibel* muss es schon sein. Du darfst diese oder jene Messe besuchen, aber in die *Messe* gehen musst du schon? – Solche Grenzen wären natürlich schon deswegen nicht sinnvoll, weil nicht nur der Vollzug des Glaubens, sondern auch und zuerst der Glaube selbst frei sein muss. Wir können unseren Freund, der nicht mehr in die Kirche geht, mit der Bibel nichts anfangen kann und keinen Gott braucht, also allenfalls darauf aufmerksam machen, dass er kein Christ mehr ist – jedenfalls nicht im herkömmlichen Sinn. Und das können wir bedauern, wenn wir es nicht auf eine manipulative Weise machen, um ihn damit unter Druck zu setzen. Denn niemand dürfte ihn eben in irgendeiner Form zum Glauben zwingen.

Theologische Grenzen spiritueller Selbstbestimmung könnten aber auch anders aussehen. Nehmen wir an, eine Frau praktiziert eine ausgesprochen vorkritische Spiritualität. Gott, die Engel und Heiligen sind für sie gewissermaßen unsichtbare Geister, die sie permanent begleiten. Es ist ihr peinlich, wenn sie sie beim Waschen oder auf der Toilette „sehen". Sie ist fest davon überzeugt, dass sie es dereinst im Fegefeuer abbüßen muss, wenn sie einmal bei Rot über die Straße geht (was sie zu einer vorbildlichen Verkehrsteilnehmerin macht). Sie glaubt, dass Jesus traurig ist, wenn er den ganzen Tag alleine im Tabernakel ist, und „besucht" ihn deshalb oft in der Kirche – und so weiter. Aus theologischer Perspektive wäre ein solcher Glaube vielleicht naiv. Aber sollte man der spirituellen Selbstbestimmung dieser Frau Grenzen setzen, um sie mit Nachdruck zu einer theologisch verantwortbaren Spiritualität zu bewegen? Ich denke, nein – solange sie mit ihrer Spiritualität weder sich noch anderen schadet. Wenn sie glücklich damit ist, jeden Tag „Jesus im Tabernakel" Gesellschaft zu leisten, wenn ihr das das Gefühl gibt, gebraucht, geliebt und geborgen zu sein, wenn das die prägende Erfahrung von Gottesnähe in ihrem Leben ist, dann darf ihr das niemand nehmen, auch nicht mit der besten Absicht. Sollte sich aber zeigen, dass sie unter ihrer Spiritualität leidet, dann sollte man versuchen, ihr nahezubringen, dass Jesus sich im Tabernakel nicht einsam fühlt. Man kann, mit aller pastoralen Expertise und Empathie, versuchen, die belastenden Aspekte ihrer eigenen Spiritualität zugunsten der tröstenden in den Hintergrund zu rücken, oder vielleicht sogar, ihr andere, theologisch verantwortbare(re) Konzepte göttlicher Gegenwart und Gerechtigkeit anzubieten. Aber man darf ihr ihre Vorstellungen, wenn sie an ihnen festhält, nicht verbieten, denn es würde eben ihre spirituelle Selbstbestimmung verletzen. Dieses Beispiel mag ein extremes sein, aber Seelsorgerinnen und Seelsorger wissen, dass es in katholischen Gemeinden Menschen wie diese Frau gibt. Sie angemessen spirituell zu begleiten, ist eine große Herausforderung. Sie spirituell zu vernachlässigen, eine große Versuchung. Leider werden sie bisweilen nicht nur vernachlässigt, sondern geradezu verhöhnt und isoliert: Das macht sie besonders anfällig für spirituellen Missbrauch – oder besser: Für andere Formen von geistlichem Missbrauch, denn wie wir sehen werden, ist auch Vernachlässigung schon eine Form von geistlichem Missbrauch.

Mir scheint, dass es letztlich nur *eine* Grenze spiritueller Selbstbestimmung gibt – und das ist eben die ethische Grenze, die wir oben schon erwähnt haben: *Wenn ein Mensch* ernsthaft unter seiner eigenen Spiritualität leidet oder wenn er mit oder wegen seiner Spiritualität anderen Menschen Schaden zufügt, dann – und nur dann – ist gegebenenfalls ein Eingreifen legitim, das auch auf eine Beschränkung der spirituellen Selbstbestimmung hinauslaufen kann. Für solche Fälle sollten professionell verantwortete und sorgfältig abgewogene Leitlinien vorbereitet werden, um das Wohl der Betroffenen so gut wie irgend möglich zu schützen und Seelsorger zu einem verantwortlichen Handeln zu befähigen.

Literaturhinweise zu diesem Kapitel

Sarah Buss, Andrea Westlund, Personal Autonomy, in: The Stanford Encyclopedia of Philosophy (Spring 2018 Edition), Edward N. Zalta (ed.). Online zugänglich unter: https://plato.stanford.edu/archives/spr2018/entries/personal-autonomy/.

Anselm Grün, Wege zur Freiheit – Geistliches Leben als Einstieg in die innere Freiheit, 2004.

Hermann Häring, „So steht also fest!" Freiheit als Maß allen Christseins, in: Münchener Theologische Zeitschrift 65 (2014), 178–196.

Konrad Hilpert, Ethik der Menschenrechte. Grundlagen, Inhalte, Probleme, 2018.

Norbert Mette, „Pastoralmacht". Praktisch-theologische Anmerkungen zu einem Theorem M. Foucaults, in: Wege zum Menschen 47 (1995), 76–83.

Karl Rahner, Grundkurs des Glaubens, 1976.

Hermann Steinkamp, Lange Schatten der Pastoralmacht. Theologisch-kritische Rückfragen, 2015.

Magnus Striet, Ernstfall Freiheit. Arbeiten an der Schleifung der Bastionen, 2018.

II. Vatikanisches Konzil, *Dignitatis Humanae*. Erklärung über die Religionsfreiheit vom 7. Dezember 1965.

3. Spirituelle Not oder: Was es heißt, spirituell *nicht* handlungsfähig zu sein

Eine Person befindet sich dann in einer spirituellen Not, wenn sie spirituell nicht gut genug ausgestattet ist, um ihrem Leben und ihren Erfahrungen eine positive Bedeutung zu geben. Wie schon gesagt, muss geistliche Not nicht unbedingt auf spirituellen Missbrauch oder Gewalt zurückzuführen sein. Sie kann auch auftreten, wenn jemand in einer Krise steht, wenn jemand besonders herausfordernde Dinge erlebt, wie Krieg, Gewalt, Krankheit oder soziale Ausgrenzung, oder bei jemandem, der mit einer allzu dürftigen spirituellen Ausstattung ins Leben geht oder mit einer Ausstattung, die vielleicht zu seiner ursprünglichen, nicht aber zu seiner aktuellen Umgebung passt.

Spirituelle Not hat verschiedene Gesichter. Und obwohl sie durchaus ohne geistlichen Missbrauch entstehen kann – hat geistlicher Missbrauch umgekehrt immer spirituelle Not zur Folge. Um spirituelle Not als Folge von geistlichem Missbrauch besser zu verstehen, scheint es mir sinnvoll, an dieser Stelle zunächst einige Formen spiritueller Not anzusehen, die nicht unbedingt Folge von geistlichem Missbrauch sein müssen, bevor wir uns im nächsten Kapitel direkt verschiedene Formen von spirituellem Missbrauch ansehen.

3.1 Belastende und verstörende Erfahrungen

Auch wer spirituell handlungsfähig und selbstbestimmt ist, wird es schwer finden, bestimmten Erfahrungen unmittelbar eine positive Bedeutung zu geben. Manches, was einem Menschen in seinem Leben geschehen kann, erscheint so eindeutig schmerzhaft, dass er daran zunächst einfach nur leidet. Das kann der plötzliche Verlust der Arbeitsstelle oder des Wohlstandes sein, der Tod eines geliebten Menschen oder eine erlittene Gewalttat. Bei solchen Erfahrungen unterscheide ich – je nachdem, wie stark sie einen Menschen irritieren – belastende und verstörende.

Belastende Erfahrungen sollen hier die Erfahrungen genannt werde, die sich von dem, der sie macht, nicht auf positive Art und Weise deuten lassen. Das heißt, er findet für das, was er da erlebt, nur negative Deutungen. Er ist außer Stande, ihnen etwas Positives abzugewinnen, ihnen einen Sinn zu geben, der es erlauben würde, mit ihnen zu leben. Mobbing kann eine solche belastende Erfahrung sein oder auch eine schwere Krankheit oder die persönliche Verantwortung für das Leid eines anderen. Wenn solche belastenden und negativ gedeuteten Erfahrungen im Leben eines Menschen überhandnehmen, können sie die Spiritualität der betroffenen Person vergiften, das heißt sie verwandeln ihre Erzählung vom Sinn ihres eigenen Lebens in eine betrübliche, schmerzhafte oder hässliche Geschichte. Sie bewirken, dass sich die betreffende Person in ihrer Haut nicht mehr wohlfühlen, sich ihres Lebens nicht mehr freuen oder sich selbst nicht mehr achten kann. Die Person beginnt, sich selbst abzuwerten und zu hassen, sie kann nicht mehr anders als denken: „Ich bin ein Versager, ein Aussätziger, ein Monster, niemand liebt mich, ich bin allen egal." Sie können dazu führen, dass destruktive Rituale entstehen, beispielsweise allabendliches Betrinken oder Rauschgiftkonsum, Ritzen oder Hungern oder das bewusste und wiederholte Verletzen eigentlich geliebter Personen.

Eine Person, die mit solchen belastenden Erfahrungen lebt, kann dann einen spirituellen Ausweg finden, wenn es ihr gelingt, die belastenden Ereignisse auf irgendeine Weise doch positiv zu deuten, ihnen einen wenigstens teilweise positiven Sinn abzugewinnen oder sie auf eine positive, sinnstiftende Weise zu bearbeiten. Vielleicht gelingt es ihr, eine Überwindungsvision zu schaffen, ein Hoffnungsbild von einer positiven Zukunft, an die sie glauben kann. Vielleicht gelingt es ihr, sich Hilfe zu suchen und alleine schon das Erfahren dieser Hilfe als einen Gewinn zu sehen, der die vorausgegangene negative Erfahrung letztlich überwiegt. Vielleicht gelingt es ihr, die Verantwortung für das von ihr verursachte Leid zu tragen, dadurch moralische Größe zu zeigen und etwas Gutes zu bewirken, sodass sie sich selbst wieder achten kann. – Wenn es aber nicht gelingt, zu einer irgendwie positiven Einordnung der belastenden Erfahrungen zu kommen, dann können sie eine große geistliche Not verursachen, die die betroffene Person langfristig krank macht oder letztlich gar aggressiv und gefährlich für sich und andere.

Als *verstörend* bezeichne ich Erfahrungen, denen sich gar keine Bedeutung geben lässt. Bisweilen gibt es nicht einmal ein Wort, das es uns erlauben würde, das Geschehen auszudrücken. Solche Erfahrungen erschüttern uns, weil sie uns in ihrer schieren Unfassbarkeit das Gefühl geben, dass „die Welt auf dem Kopf steht", dass „uns der Boden unter den Füßen" weggezogen wird oder dass „alles auseinanderbricht". Sexueller Missbrauch kann so eine Erfahrung sein, zumal wenn das Opfer ein Kind ist, das buchstäblich weder von Sexualität noch von Missbrauch einen Begriff hat und mit allen seinen Versuchen, in dieser unaussprechlichen Not Hilfe zu finden, nur auf das beharrliche Schweigen seiner nächsten Bezugspersonen stößt. Aber auch völlig überwältigende und jeden Begriff sprengende Erfahrungen wie beispielsweise Folterhaft oder das Miterleben der Massakrierung naher Angehöriger fallen in diese Kategorie. Auch der plötzliche, zufällige und grausame Tod sehr geliebter Menschen kann eine solche unfassbare, uns in den Grundfesten unserer Existenz erschütternde Erfahrung sein. Solche verstörenden Ereignisse können mehr noch als belastende Ereignisse zur Gefahr für die spirituelle und psychische Gesundheit werden. Sie machen in aller Regel nicht nur eine intensive geistliche Begleitung, sondern vor allem auch eine lange traumatherapeutische Behandlung notwendig.

3.2 Spirituelle Sackgassen

Spirituelle Not kann bisweilen die Form einer spirituellen Sackgasse annehmen: Eine ansonsten hilfreiche und wertvolle Ressource führt einen Menschen in ein Dilemma, aus dem er nur um einen hohen Preis herauskommt – es sei denn, es gelingt ihm, sich mit neuen spirituellen Ressourcen einen Weg aus dem Dilemma zu bauen.

Ein Kind, das in einem traditionell christlichen Umfeld aufwächst, wird zum Beispiel lernen, dass Lügen eine Sünde ist und dass Sünden von Gott vergeben werden, wenn wir sie bereuen. Es lernt auch, dass alle Menschen Kinder Gottes sind, und dass es darum alle Menschen lieben soll, und dass es eine Sünde ist, einen anderen Menschen zu hassen. Und es lernt vielleicht auch, dass absichtlich begangene schwere Sünden, die nicht bereut und nicht vergeben sind, uns auf ewig von Gott trennen und uns in die Hölle bringen können – das jedenfalls ist bis heute die offizielle Lehrmeinung der Kirche.[16]

Diese spirituellen Deutungen und Rituale können tragen. Sie können dem Kind helfen, über sich selbst hinauszuwachsen, wenn es sich beispielsweise dazu durchringt, auch seine eigenen Fehler offen zuzugeben und seinen Mitschülern und Mitschülerinnen auch dann freundlich zu begegnen, wenn sie ihm weniger sympathisch sind. Sie können aber auch Probleme aufwerfen, zum Beispiel dann, wenn das Kind in Situationen kommt, in denen es sich durch absichtliches Lügen vor Misshandlungen schützen könnte – aber glaubt, dass dieses Lügen es in die Hölle bringt. Oder wenn es sich vor dem Menschen, der es misshandelt, durch Hass innerlich schützen könnte – aber denkt, dass es auch diesen Menschen lieben muss, weil es sonst in die Hölle kommt.

Wenn das Kind in einer solchen Situation keine spirituellen Ressourcen hat, die es ihm ermöglichen, die Situation auf eine positive Art und Weise aufzulösen, sitzt es in der spirituellen Sackgasse: Es sieht sich gezwungen, entweder, um nicht zu lügen und nicht in die Hölle zu kommen, bereitwillig Schläge einzustecken und mit einem Gott zu leben, der das von ihm verlangt. Oder aber es muss, um den Schlägen zu entgehen, lügen, also bewusst sündigen – und stellt sich damit gegen den allmächtigen Gott, der es am Ende seines Lebens richten und womöglich verdammen wird. Das Kind wird sich also entweder spirituell gezwungen sehen, den Erwachsenen, der es misshandelt hat, „um Gottes willen" zu „lieben", weil ja auch dieser Mensch ein Kind Gottes ist. Wenn es das tut, muss es in dem Bewusstsein leben, dass Gott von ihm verlangt, seinen Peiniger zu lieben. Oder es entscheidet sich, diesen Menschen zu hassen, um sich vor ihm schützen zu können, allerdings um den Preis, dass es sich von Gott abwendet und damit vielleicht in die Hölle kommt.

Eine solche spirituelle Sackgasse wird zweifellos schwerwiegende Folgen für das Kind haben, nicht nur für sein spirituelles Wohlbefinden, sondern auch für sein emotionales Gleichgewicht und seine psychische Gesundheit. – Um heil aus dieser Sackgasse herauszukommen, braucht das Kind alternative spirituelle Ressourcen: eine atheistische Weltanschauung wäre in dieser Situation zweifellos eine Befreiung, aber so radikal muss es gar nicht sein. Auch ein anderes

Gottesbild könnte ihm helfen, nämlich das Bild eines Gottes, der zuallererst an der Seite dieses Kindes steht und der es für seine Sünden nicht verdammt; helfen könnte auch ein anderer Begriff von „Lüge" und „Sünde" beziehungsweise das Bewusstsein, dass es keine Sünde ist, sich zu schützen, und dass das eigene Wohlbefinden in bestimmten Fällen wichtiger ist als eine banale „Wahrheit"; hilfreich wäre schließlich auch ein anderer Begriff vom Liebesgebot und das Wissen darum, dass es in manchen Fällen legitim ist, sich von bestimmten Menschen zu distanzieren und ihre Handlungen zu verurteilen; nicht zuletzt könnte es dem Kind helfen, wenn es die Hölle leer denken könnte oder sich gar ein Jenseits ganz ohne Verdammnis oder ein Leben ohne Jenseits vorstellen könnte oder einfach gar nicht mehr existenziell mit diesen belastenden Bildern in Berührung kommt.

3.3 Giftige spirituelle Ressourcen

Geistliche Not kann auch durch giftige spirituelle Ressourcen entstehen. Eine spirituelle Ressource ist giftig, wenn sie dem Menschen, der sie nutzt, zwar vordergründig hilft und ihm sein Leben als sinnvoll, gut und lebenswert erscheinen lässt, zugleich aber etwas enthält, was ihm über kurz oder lang schadet, ihn insgeheim belastet oder ihn zu einem Handeln ermutigt, mit dem er sich oder andere unter Druck setzt. Dabei kann ein und dieselbe Ressource für einen Menschen giftig sein und für einen anderen nicht, je nachdem, in welcher Situation er sich befindet, welche Persönlichkeit, Lebensumstände und welche spirituellen Bedürfnisse er hat.

Eine giftige Ressource kann beispielsweise ein Gottesbild sein, das einem Menschen einerseits Geborgenheit schenkt, etwa der allmächtige, liebende Gott, das ihn aber angesichts bestimmter Erfahrungen wie Krieg oder Leid schier an Gott und am Sinn des Lebens verzweifeln lässt und ihn so vielleicht dazu verführt, sich in eine imaginäre „heile Welt" zu flüchten, in der er das real existierende Leid dieser Welt einfach aus seiner Wahrnehmung ausklammert und ihm gegenüber tatenlos bleibt. Es kann ein geistlicher Führer sein, der in einem Menschen nach langer Zeit wieder das Gefühl weckt, wertgeschätzt zu sein und ein sinnvolles Leben zu führen, der diesen Menschen aber gleichzeitig manipuliert und ausbeutet. Es kann die Andachtsbeichte sein, die einem Menschen zwar eine gewisse Geborgenheit vermittelt und ihm das Gefühl gibt, einen Umgang mit der Schuld in seinem Leben gefunden zu haben, die ihn zugleich aber an das Gefühl gewöhnt, bestimmte Handlungen als Schuld zu deuten und sich dafür schuldig zu bekennen und ihn so in der Logik von Schuld und Absolution gefangen hält, anstatt ihn zu einer echten Auseinandersetzung und Verantwortungsübernahme für sein Handeln zu bringen. Das können bewusstseinsverändernde Rituale, Klänge oder Stoffe sein, die Menschen helfen, in einen Zustand zu kommen, in dem sie ihr Leben als erträglich wahrnehmen und in dem sie Inspirationen schöpfen können, die für ihr spirituelles Erleben zentral sind, die sie aber auf Dauer abhängig machen und ihren Körper und ihre Psyche schädigen. Und so weiter und so fort.

Vermutlich gibt es kaum spirituelle Ressourcen, die nicht für bestimmte Menschen einige potentiell giftige Auswirkungen in sich tragen, die manchmal erst in einer bestimmten Situation oder auf einer bestimmten Entwicklungsstufe zutage treten. Daher ist es für eine wirklich gesunde Spiritualität und für die spirituelle Selbstbestimmung und Handlungsfähigkeit von zentraler Bedeutung, dass Menschen ihre eigenen spirituellen Ressourcen gut kennen, und dass sie wissen, dass und wie sie sich neue zu eigen machen können. Nur so kann vermieden werden, dass Menschen sich unversehens an ihren eigenen spirituellen Ressourcen vergiften und Schaden nehmen.

3.4 Toxische Spiritualität

Im Unterschied zu einer einzelnen giftigen Ressource ist eine toxische Spiritualität ein in sich geschlossenes totalitäres spirituelles System, das neben einem bestimmten Menschen- und Gottesbild und einer spezifischen Weltanschauung auch eine eigene Wertehierarchie und eine Bindung an bestimmte spirituelle Autoritäten enthält, denen es sich unterzuordnen gilt. Menschen, die sich einem solchen spirituellen System anheimgegeben haben, leiden darin nicht nur geistliche Not, sondern sind auch gefangen: Ihre Selbstbestimmung ist dermaßen beschränkt, dass sie eine freie Aneignung alternativer spiritueller Ressourcen nicht mehr als legitim denken können – wenn sie sie überhaupt denken können.

Toxisch ist Spiritualität, wenn sie die Freiheit des Menschen grundsätzlich delegitimiert, indem sie beispielsweise seinem eigenen Willen, seiner persönlichen Wahrnehmung und seinen menschlichen Bedürfnissen eine negative Deutung gibt oder sie für vollkommen fehlgeleitet hält. Das können dualistische Welt- und Menschenbilder sein, denen zufolge die „menschliche Natur" als heillos verdorben und in sich schlecht gilt, sodass der Mensch, um aus seiner Verdorbenheit gerettet zu werden, seinen eigenen, vermeintlich kranken Willen und sein scheinbar verfehltes Denken abtöten und sich einem anderen, vermeintlich reineren Willen und der vorgeblich über-menschlichen oder göttlich inspirierten Einsicht eines anderen unterwerfen muss – ohne diese mit seinem angeblich verkommenen menschlichen Verstand selbst beurteilen zu können. Das kann auch eine radikale Leidensmystik sein, derzufolge die Welt durch Leiden erlöst wird, Leiden damit stets sinnvoll ist und geradezu gesucht werden muss, während das Verlangen nach Wohlempfinden als Schwäche oder gar als Sünde betrachtet wird. Es können bestimmte apokalyptische Weltbilder sein, denen zufolge die ganze Welt und alles, was das menschliche Leben in seiner jetzigen Form ausmacht, zum baldigen Untergang bestimmt ist, sodass jeder, der in der Apokalypse bestehen will, sich von alledem abgrenzen muss, was menschliches Leben für gewöhnlich ausmacht.

Es kommt vor, dass alle diese Elemente zugleich auftreten. Es gibt in der katholischen Kirche durchaus sektenähnliche, in sich geschlossene Gemeinschaften, die ein elitäres Selbstbild, eine ideologische Selbstüberhöhung, ein dualistisches Welt- und Menschenbild, eine apokalyptische Weltanschauung und eine radikale Leidensmystik pflegen, die den einzelnen Mitgliedern die vollkommene Selbstaufgabe abverlangt. Einige der Personen, die uns in den Beispielen des nächsten Kapitels begegnen werden, haben solchen Gruppen angehört.

Literaturhinweise zu diesem Kapitel

Meinrad Dufner, Gottestäter. Die Gefahr negativer Gottesbilder, 2012.

Eckhard Frick, Klaus Baumann, Arndt Büssing, Christoph Jacobs, Jochen Sautermeister, Spirituelle Trockenheit – Krise oder Chance? Am Beispiel der römisch-katholischen Priesterausbildung, in: Wege zum Menschen 70 (2018), 61–77.

Hermann Häring, Versuchung Fundamentalismus. Glaube und Vernunft in säkularer Gesellschaft, 2013.

Benedikt Kranemann, Brigitte Benz (Hg.), Trauerfeiern nach Großkatastrophen. Theologische und sozialwissenschaftliche Zugänge, 2016.

Tilmann Moser, Gottesvergiftung, 1976.

Jochen Sautermeister, Identität und christlicher Glaube. Option für lebensbejahende Humanität und selbstbejahende Authentizität, in: Michael Felder, Jörg Schwaratzki (Hg.), Glaubwürdigkeit der Kirche – Würde der Glaubenden. Pastoraltheologische Inventionen, 2012, 292–305.

Michael Utsch (Hg.), Pathologische Religiosität, 2012.

Michael Utsch, Religionspsychologie: Voraussetzungen, Grundlagen, Forschungsüberblick, 1998.

Aus der Kunst: Wolfgang Borchert, Draußen vor der Tür, 1947.

4. Drei Formen von geistlichem Missbrauch

Nachdem wir Antworten auf die Fragen gefunden haben, was Spiritualität, was spirituelle Selbstbestimmung und was unverschuldete geistliche Not ist, können wir nun auch sagen, was geistlicher Missbrauch ist: *Geistlicher Missbrauch ist die Verletzung des spirituellen Selbstbestimmungsrechtes.* Durch diese Verletzung *werden Menschen in spirituelle Not gebracht.* Das heißt, wer die spirituelle Handlungsfähigkeit einer anderen Person untergräbt, begeht spirituellen Missbrauch an dieser Person. Die Folgen können erhebliches geistliches Leid, erhöhte Anfälligkeit für Verletzungen und Ausbeutung aller Art, schwere psychische Erkrankungen und sogar Suizide sein.

Um es ausdrücklich und gleich vorweg zu sagen: Nicht immer, wenn jemand die geistliche Handlungsfähigkeit einer anderen Person untergräbt, geschieht das bewusst und gewollt, geschweige denn böswillig. Wenn ich von „Missbrauch" oder „Gewalt" spreche, meine ich damit also nicht, dass zwangsläufig eine schlechte Absicht dahintersteht – auch wenn es in bestimmten Fällen eine solche böse Absicht gibt. Ich meine einfach, dass jemand eine Person so „begleitet", dass er ihre spirituelle Handlungsmächtigkeit schwächt, statt sie zu fördern.

Um zu verdeutlichen, was bei spirituellem Missbrauch geschieht, möchte ich spirituelle Selbstbestimmung im Folgenden immer wieder mit einer einvernehmlichen Liebesbeziehung auf Augenhöhe vergleichen: *Wenn eine gesunde Spiritualität wie eine gesunde Liebesbeziehung ist, dann ist spiritueller Missbrauch wie eine respektlose oder gewaltsame Beziehung.* Er kann verschiedene Formen annehmen.

Analog zu missbräuchlichen Beziehungen lassen sich drei Formen des geistlichen Missbrauchs unterscheiden: *Vernachlässigung, Manipulation* und *Gewalt*. Auch wenn die Übergänge zwischen diesen drei Grundformen fließend sind, ist es hilfreich, zwischen ihnen zu unterscheiden. So wird unter anderem deutlich, wie spiritueller Missbrauch in seiner schärfsten Ausprägung überhaupt möglich ist und warum Opfer sich nicht dagegen wehren können, nämlich weil sie zuvor meist auch schon spirituelle Vernachlässigung und Manipulation erlebt haben, ähnlich wie Menschen, die in eine gewalttätige Beziehung geraten und dort aushalten, in vielen Fällen zuvor schon emotional vernachlässigt und manipuliert worden sind.

Um zu veranschaulichen, wie spiritueller Missbrauch konkret aussieht und wie die drei Formen des Missbrauchs ineinander übergehen, und nicht zuletzt auch um zu zeigen, dass sie in der Kirche der Gegenwart tatsächlich vorkommen, möchte ich in diesem Kapitel reale Beispiele erzählen. Die Menschen und Geschichten, von denen im Folgenden in den Beispielen die Rede sein wird, kenne ich persönlich. In vielen Fällen habe ich die geschilderten Begebenheiten selbst miterlebt. Um die Identität der Betroffenen zu schützen, gebe ich ihnen hier andere Namen. Es versteht sich von selbst, dass diese Beispiele keine erschöpfende Darstellung aller möglichen oder real vorkommenden Arten von Missbrauchsfällen sind – und auch keine Auswahl der schlimmsten Fälle. Es gibt weit schlimmere. Sie sind lediglich Fälle, die Menschen erlebt haben, die ich zufällig persönlich kenne. Daher handelt es sich bei diesen Beispielen auch mehrheitlich um Beispiele aus dem Ordensleben. Sie sind nicht mehr als ein erster Einblick, wie spiritueller Missbrauch in der katholischen Kirche aussieht. Wer weitere Beispiele sucht, findet sie in den Lektüre-Empfehlungen zu diesem Kapitel oder auf den Online-Präsenzen von Vereinen wie AVREF oder Len-versdudecor oder vergleichbarer Zusammenschlüsse Betroffener. Mancher Leser oder manche Leserin wird Ähnlichkeiten mit eigenen Erfahrungen erkennen. Viele Aspekte der Beispiele – beispielsweise dass äußere Leitung und geistliche Begleitung von ein und derselben Person ausgeübt werden – sind geradezu symptomatisch für Fälle von spirituellem Missbrauch in der katholischen Kirche.

4.1 Spirituelle Vernachlässigung

Wenn eine gesunde Spiritualität wie eine gesunde Beziehung ist, dann ist spirituelle Vernachlässigung wie emotionale Verwahrlosung. Wer als Kind nicht die nötige emotionale Zuwendung erfahren hat, wer auch und gerade in belastenden und verwirrenden Momenten keine Unterstützung dabei erhalten hat, die eigenen Emotionen wahrzunehmen, zu verstehen und angemessen mit ihnen umzugehen, der wird sich vermutlich sein Leben lang damit schwertun, einen guten Umgang mit den eigenen Emotionen, ein gesundes Selbstbewusstsein und entspannte Beziehungen zu anderen Menschen aufzubauen. Er wird es schwerer finden als andere, emotional stabil zu sein und mit anderen in Kontakt zu treten. Wenn er in einer stark von Gewalt oder Gleichgültigkeit geprägten Umgebung aufgewachsen ist, hat er zudem vielleicht eine sehr eingeschränkte und erbärmliche Sicht auf zwischenmenschliche Beziehungen.

Ähnlich ist es mit spiritueller Vernachlässigung. Wer als Kind, als junger Mensch oder als Erwachsener in einer neuen Lebensphase keine angemessene Unterstützung dabei erhalten hat, den eigenen Erfahrungen Bedeutungen zu geben, mit denen er oder sie gut leben kann, wer nicht gelernt hat, sich und seine Umwelt spirituell zu erfassen, oder wer in einer Umgebung aufgewachsen ist, die stark von einer Spiritualität der Unterordnung und der Verbote geprägt war, wird es sehr schwer finden, selbst zu einer anderen, vielschichtigen und beglückenden Spiritualität zu finden.

Spirituelle Vernachlässigung geschieht überall dort, wo Menschen die Aufgabe haben, die spirituelle Handlungsfähigkeit anderer Menschen zu unterstützen, das aber nicht tun. Diese Verantwortung haben nicht nur geistliche Begleiter und Begleiterinnen, sondern insbesondere auch Eltern, Pfarrer, Lehrer, Spirituale in Priesterseminaren, Novizenmeisterinnen, Jugendseelsorger, Pastorale Mitarbeiter. Wenn diese Personen die ihnen Anvertrauten nicht in dem von ihnen zu erwartenden Maß mit ausreichenden hilfreichen spirituellen Ressourcen ausstatten, vernachlässigen sie sie.

Spirituelle Vernachlässigung kann verschiedene Gesichter haben. Nur sehr selten wird sie darin bestehen, dass ein Begleiter einer begleiteten Person gar nichts anbietet. In den meisten Fällen wird die Vernachlässigung darin bestehen, dass er ihr nicht das anbietet, was sie braucht: Er begleitet, ohne auf die Bedürfnisse der begleiteten Person zu achten. Er lässt sich auf die Lebensrealität, die spirituellen Ressourcen und Bedürfnisse der Menschen, die er begleitet, nicht ein und bietet ihnen stattdessen spirituelle Ressourcen an, die diesen Menschen nicht helfen, weil sie für sie nicht passen oder weil sie sie gefährden oder ihnen direkt schaden. Er ist wie der Vater, der seinem Sohn, der ihn um Brot bittet, einen Stein in die Hand drückt oder der seinem Sohn, der um einen Fisch bittet, eine Schlange reicht (Mt 7,9f.). Er ist wie ein Verkäufer in einem Sportgeschäft, der einem Menschen, der zu ihm kommt, ein beliebiges Paar Bergschuhe reicht und ihn damit wieder wegschickt, ohne nach der Schuhgröße oder der Reiseroute zu fragen oder danach, ob dieser Mensch überhaupt auf einen Berg steigen möchte. Vielleicht will er ja etwas ganz anderes, Tanzen zum Beispiel.

Warum handelt mancher Seelsorger auf diese Weise? Vielleicht hat er noch nie etwas von spiritueller Autonomie gehört und ist einfach nicht darin geschult, auf die Bedürfnisse der Begleiteten einzugehen. Vielleicht hat er eine Art spirituelles Lieblingsprogramm, mit dem er alle Menschen beglücken möchte, die zu ihm kommen. Vielleicht ist er auch ideologisch vorgeprägt und davon überzeugt, dass das, was er anzubieten hat, das „einzig Wahre" ist. Vielleicht lebt er auch sein eigenes, womöglich unreflektiertes Machtbedürfnis aus. Wie dem auch sei: Indem er an den Bedürfnissen der Begleiteten vorbeigeht, vernachlässigt er sie, mit der Folge, dass diese Menschen nicht die geistliche Nahrung bekommen, die sie brauchen.

Der geistliche Begleiter merkt das unter Umständen gar nicht. Und vielleicht merkt auch die begleitete Person nicht, dass sie vernachlässigt wird – ähnlich wie ein Kind, solange es klein ist, nicht unbedingt merkt, wenn seine Eltern es vernachlässigen. Dennoch hat diese Form von Missbrauch schwere Folgen. Selbst wenn der Bergführer den Personen, die zu ihm kommen, nur wirklich hochwertige Schuhe weitergibt, hat er ihnen keinen Gefallen getan, wenn diese Schuhe die falsche Größe haben. Mit einem Schuh, der zwei Nummern zu klein ist, kommt kein Mensch weiter als ein paar Schritte, ohne sich weh zu tun. Das heißt: *Menschen, die spirituell vernachlässigt sind, können ihren Lebensweg nicht gut bewältigen. Bei jedem Versuch, mit oder trotz ihrer ungeeigneten Ausrüstung irgendwie weiter voranzukommen, fügen sie sich neue Schmerzen zu.*

4.1.1 Spirituelle Vernachlässigung von Kindern durch Eltern

Spirituelle Vernachlässigung geschieht oft schon im Elternhaus, und zwar immer dann, wenn Eltern ihren Kindern nicht oder viel zu wenig helfen, sich und die Welt so zu erleben, dass sie etwas mit sich und der Welt anfangen können. Das geschieht zum Beispiel dann, wenn Kindern nicht die Möglichkeit eingeräumt wird, verschiedene Erzählungen über sich und die Welt kennenzulernen und auszuprobieren, wenn Eltern der Perspektive und den Bedürfnissen ihrer Kinder einen geringeren Stellenwert einräumen als ihren eigenen oder wenn sie die angeborene Fähigkeit ihrer Kinder zur geistigen Auseinandersetzung mit der Welt nicht unterstützen, beispielsweise weil sie selbst eine sehr enge Weltsicht und eine kränkelnde Spiritualität leben oder weil daheim Gespräche und geistige Auseinandersetzungen gleich welcher Art praktisch nicht stattfinden. Benjamin und Thomas haben das auf je verschiedene Weise erlebt.

> *Benjamin war der Nachzügler in seiner Familie. Seine Eltern hatten sich lange vergeblich einen Jungen gewünscht und schließlich ein Gelübde abgelegt: Wenn Gott ihnen einen Sohn schenken würde, sollte sein Leben Gott geweiht sein. Als er dann schließlich geboren wurde, bedeutete das für sie nicht nur die Erhörung ihres Gebetes, sondern auch die Annahme ihres Gelübdes. Benjamin bekam das oft zu hören: Gott hat dich uns geschenkt. Dein Leben soll ihm gehören. Schon als kleiner Junge war für ihn klar, dass er Priester werden würde und dass Gott das so wollte. Seine Eltern ließen außerdem keinen Zweifel daran, dass das Priestertum eine ganz besondere Auserwählung wäre. So trat er kurz nach dem Schulabschluss in eine neue geistliche Gemeinschaft ein, die seinen Entschluss niemals hinterfragte und die dasselbe Gottes- und Priesterbild pflegte wie seine Eltern.*

So wie Benjamin geht es vielen Kindern. Sie hören von Kindheit an nur eine Geschichte über den Sinn ihres Lebens. Du bist dazu bestimmt, Priester zu sein; oder: du übernimmst einmal den elterlichen Betrieb; oder: du wirst einmal eine tolle Mutter. Wenn das die einzigen den Kindern von den Eltern angebotenen Erzählungen sind, wirken sie wie *self-fulfilling prophecies* – einfach weil andere Möglichkeiten nicht in den Blick kommen. Wenn Eltern also nicht sorgsam darauf achten, die Freiheit ihrer Kinder zu respektieren, oder wenn sie vielleicht sogar glauben, ein Recht darauf zu haben, ihren Kindern eine Deutung und ein Ziel ihres Lebens vorzugeben, dann scheint es am Ende den Eltern ebenso wie den Kindern einfach undenkbar, dass sie sich hätten anders entscheiden können. Die Kinder gehen – ohne eine Alternative zu haben – den vorgezeichneten Weg und glauben, sie hätten das selbst entschieden. Dabei gehen sie diesen Weg auch und vielleicht vor allem deswegen, weil sie keine anderen Geschichten und Visionen ihrer persönlichen Zukunft kennengelernt haben oder kennenlernen durften. So kommt es, dass ihr Weg geradewegs von daheim in die vorbestimmte Zukunft führt, sei es das Priesterseminar, der Orden, die Ehe oder das Studium der Betriebswirtschaftslehre. Wenn diese Menschen dann Jahre oder Jahrzehnte später feststellen, dass sie in diesem vorgegebenen Lebensentwurf unglücklich sind, brauchen sie oft lange, bis sie begreifen, woran das liegt, und noch länger, um einen Weg zu finden, ihr Leben wieder selbstbestimmt zu führen.

Spirituelle Vernachlässigung liegt aber auch dann vor, wenn Eltern ihren Kindern nicht den einen Sinn und das eine Ziel ihres Lebens präsentieren, sondern wenn sie sich darauf beschränken, die Ziele ihrer Kinder abzuwerten oder zu verbieten, wie das Beispiel von Thomas zeigt:

> *Anders als Benjamins Eltern hatten Thomas' Eltern keine eindeutigen Pläne für die Zukunft ihres Sohnes. Je älter er wurde, desto deutlicher wurde nur, was er alles nicht tun durfte. Schon als Grundschüler bekam er für schlechte Noten daheim Schläge. Wenn er in etwas einmal richtig gut war, schien das*

seinen Eltern aber auch nicht recht zu sein. Aus dem Schwimmverein musste er wieder austreten, als er so gut war, dass er mehrmals die Woche trainieren sollte. Obwohl er einer der Besten in der Klasse war, durfte er nicht aufs Gymnasium, sondern musste die Hauptschule besuchen, denn seine Eltern wollten nicht, dass er stolz würde. Als Teenager nötigten seine Eltern ihn, in eine christliche Jugendgruppe zu gehen. Das war der einzige erlaubte Kontakt zu Gleichaltrigen. Seine wahren Freunde passten seinen Eltern nicht, also brachte er sie nie mit nach Hause. An eine Freundin durfte er sowieso nicht denken, obwohl er sich eine gewünscht und auch leicht eine gefunden hätte. Als das Ende seiner Schullaufbahn heranrückte, hatte Thomas keinen blassen Schimmer, was er danach tun sollte. Seine Eltern sprachen nie mit ihm darüber. Und er fühlte, dass seine eigenen Wünsche und Begabungen auch diesmal von ihnen nicht respektiert werden würden. Aber seine Eltern waren fromm und pflegten den Kontakt zu einer neuen geistlichen Gemeinschaft, deren Veranstaltungen Thomas von seinen Eltern aus immer gerne besuchen durfte. Vor dem Schulabschluss wurde er immer öfter von dieser Gemeinschaft eingeladen. Es gab viele Gespräche über seine Zukunft, über den Willen Gottes und über seine Berufung. Kurz nach dem Ende seiner Schulzeit trat Thomas schließlich dort ein.

Vermutlich gibt es gar nicht wenige Kinder, denen es ganz ähnlich geht wie Thomas. Was sie von ihren Eltern erhalten, sind im Wesentlichen Verbote und Vorwürfe wie etwa jene, dass sie die falschen Freunde hätten. Wünsche nach einer eigenen Liebesbeziehung oder nach der Entfaltung der eigenen Begabungen werden nicht positiv aufgenommen, sondern verurteilt und verboten. Wer so aufgewachsen ist, steht ohne tragende und sinnvolle Deutungen an der Schwelle zum Erwachsenenleben und sieht sich genötigt, mit der erstbesten Spiritualität und dem erstbesten Lebensentwurf auf den Weg zu gehen, die von den Eltern toleriert werden. Dabei ist das Risiko groß, dass man Missbrauchstätern in die Hände fällt, die die Abwertungs- und Verbotslogik des Elternhauses fortsetzen, sei es eine geistliche Gemeinschaft, ein übergriffiger Partner oder ein ausbeutender Arbeitgeber.

Eltern, die ihre Kinder spirituell gut versorgen und die spirituelle Selbstbestimmung ihrer Kinder fördern wollen, bieten ihnen positive Deutungen ihrer Fähigkeiten und Bedürfnisse an. Sie versorgen sie mit einer breiten Palette an spirituellen Ressourcen, beispielsweise in Form verschiedener Identifikationsfiguren. Wenn sie ihr Kind mit ihrer eigenen Religion vertraut machen, präsentieren sie ihm nicht nur ein Gottesbild und ein Set an religiösen Geboten, sondern sie geben ihm Einblick in die Vielfalt der Gottesbilder und der religiösen Bräuche, die ihre Religion zu bieten hat. Sie erlauben ihren Kindern, sich ihre Identifikationsfiguren, religiösen Überzeugungen, Rituale, Geschichten, Lieder und Freunde selbst auszusuchen, und setzen ihnen nur dann Grenzen, wenn ihre Kinder sich oder anderen Schaden zufügen, nicht aber dann, wenn die Kinder einen anderen Geschmack oder andere Überzeugungen entwickeln als ihre Eltern. Sie ermöglichen ihren Kindern, ihren Neigungen nachzugehen, sie in ihre persönliche Zukunft hinein weiterzudenken und verschiedene Visionen und Lebensentwürfe für sich zu entwickeln.

4.1.2 Spirituelle Vernachlässigung durch hauptamtliche Seelsorger/innen

Wie schon gesagt, liegt spirituelle Vernachlässigung auch dann vor, wenn Seelsorger und Seelsorgerinnen die Erfahrungen und Bedürfnisse der Begleiteten ignorieren und sich damit begnügen, ihnen ein einziges spirituelles Angebot zu machen: eine Deutung ihrer Lebenssituation, ein Ritual, einen Ratschlag. Die Begleiteten können dieses eine Angebot dann bestenfalls ausschlagen, mit der Folge, dass sie erst einmal ohne eine hilfreiche spirituelle Ressource dastehen. Das ist spirituelle Vernachlässigung und sollte möglichst vermieden werden. Es muss ja gar nicht der Pfarrer höchstpersönlich spirituelle Ressourcen für alle spirituellen Bedürfnisse in seiner Pfarrei anbieten können. Es ist schon viel gewonnen, wenn Pfarrer – oder andere hauptamtliche Seelsorger und Seelsorgerinnen – nicht den Anspruch haben, dass sie das tun würden, sondern wenn sie grundsätzlich damit rechnen, dass Menschen in ihrer Seelsorgeeinheit vielleicht spirituelle Bedürfnisse haben, für die sie selbst nicht die richtigen Ressourcen anbieten können, vielleicht weil diese Menschen einen anderen kulturellen, intellektuellen oder sozialen Hintergrund haben oder aber weil sie spezifische Erfahrungen gemacht haben, die der Pfarrer und seine Mitarbeiterinnen nicht teilen. Es gilt, diese Bedürfnisse nach anderen spirituellen Ressourcen zu akzeptieren und im Respekt davor im Idealfall Wege zu suchen, wie diese Bedürfnisse dennoch gestillt werden können, womöglich an anderen Orten oder durch andere Personen.

Wenn diese Bereitschaft und dieser Respekt vor den spirituellen Bedürfnissen von Gemeindemitgliedern nicht gegeben sind, kann es so zugehen wie in den folgenden beiden Beispielen:

Hanna hatte in der achten Schwangerschaftswoche ihr Baby verloren. Sie war am Boden zerstört und suchte das Gespräch mit einer pastoralen Mitarbeiterin der Pfarrei. Sie würde das Baby gerne bestatten lassen, ob das möglich wäre? Die Frau gab sich überrascht und rigoros: Ein Embryo in der achten Woche wäre ja noch gar kein Baby. Da könnte man ja gleich Hunde und Katzen beerdigen lassen.

Auch wenn es in anderen Fällen nicht so extrem sein mag wie hier, kommt es gar nicht selten vor, dass ein Seelsorger oder eine Seelsorgerin für die Lebenssituation einer Person in Not nur eine Deutung zulässt, dazu noch eine, die der jeweiligen Person in ihrer Situation nicht nur nicht hilft, sondern für sie geradezu ein Schlag ins Gesicht ist. Das mag daran liegen, dass Seelsorger und Seelsorgerinnen mitunter dazu neigen zu glauben, sie müssten den Menschen, die zu ihnen kommen, sagen, was „die richtige Deutung" ihrer Situation ist, anstatt ihnen zu helfen, aus ihrem persönlichen Glauben selbst eine Deutung zu finden, mit der sie vor allem gut leben können. Solche Seelsorger und Seelsorgerinnen pflegen die noch relativ weit verbreitete Auffassung, Seelsorger dürften oder müssten den Menschen, die zu ihnen kommen, manchmal auch etwas „zumuten", der Glaube wäre schließlich auch „fordernd" – Vokabeln, hinter denen sich allzu oft die Auffassung verbirgt, der geistliche Begleiter müsste den Begleiteten erziehen, schließlich wüsste er nicht nur besser als der Begleitete, wer Gott sei und was Gott von ihm erwarte oder was der richtige Weg wäre, sondern er müsste das, was er für richtig hält, notfalls auch gegen den Widerstand des Begleiteten verteidigen oder gar durchsetzen. Wer voraussetzt, dass geistliche Begleitung in diesem Sinne „fordernd" sein muss, der stellt sich oft gar nicht erst die Frage, ob ein bestimmtes spirituelles Angebot einem bestimmten Menschen tatsächlich guttut, ja mehr noch: sie erscheint ihm vielleicht geradezu als abwegig. Diese Auffassung leistet zusätzlich einer Neigung Vorschub, die in der Persönlichkeit manches Seelsorgers oder mancher Seelsorgerin angelegt sein mag, nämlich der Lust daran, über andere bestimmen und von anderen im Namen Gottes etwas fordern zu können.

Markus war Pfarrer in Tirol. Als das Motu Proprio Summorum Pontificum herauskam, das die Feier der Messe im Tridentinischen Ritus wieder im größeren Umfang erlaubte, beschloss er umgehend, dass in seiner Pfarrei ab sofort nur noch im Tridentinischen Ritus zelebriert werden würde.

Wenn Pfarrer, Pastoralreferentinnen, Regenten in Priesterseminaren oder Novizenmeisterinnen den ihnen anvertrauten Personen auf diese Weise ihre persönliche Spiritualität aufzwingen und ihnen nicht nur selbst keine anderen spirituellen Angebote machen, sondern diese in ihrem „Hoheitsgebiet" gar nicht zulassen, kann man wohl von spiritueller Vernachlässigung aus Selbstgefälligkeit sprechen. Das kann schwere Folgen haben, denn die Personen, die mit dieser spezifischen Spiritualität nichts anfangen können, bleiben auf dem Trockenen oder sind gezwungen, sich jenseits ihrer eigenen Pfarrei, ihres Bistums oder ihres Konvents die geistliche Nahrung zu suchen, die sie brauchen – vorausgesetzt, sie haben überhaupt die Möglichkeit dazu.

4.1.3 Spirituelle Vernachlässigung in neuen geistlichen Gemeinschaften

Spirituelle Vernachlässigung in der Pfarrei führt in der Regel dazu, dass Menschen ihrer Pfarrei oder aber der Kirche überhaupt den Rücken kehren und anderswo spirituelle Angebote finden, die ihnen helfen. Wenn Menschen aber nicht die Möglichkeit haben, anderswo hilfreiche Angebote zu finden, kann spirituelle Vernachlässigung wirklich belastend sein. Das ist besonders dann der Fall, wenn Menschen sich in einer ideologisch geschlossenen Welt befinden, in der der Zugang zu alternativen spirituellen Ressourcen beschränkt ist. Paula und Melanie haben diese Erfahrung nach dem Eintritt in eine neue geistliche Gemeinschaft gemacht.

Paula war in eine neue geistliche Gemeinschaft eingetreten und bereitete sich auf die ersten Gelübde vor. Sie freute sich auf die Gelübde und auf die Vorbereitungszeit, in der sie sich mit den evangelischen Räten auseinandersetzen würde. Allerdings bekam sie in dieser Zeit nur eine Deutung der evangelischen Räte angeboten: Verzicht. Mit dieser Deutung konnte sie nichts anfangen. Aber ihre Novizenmeisterin – die zugleich ihre geistliche Begleiterin war – bestand darauf: Ein Leben gemäß den evangelischen Räten sei Verzicht. Es bedeute, sich von menschlichem Denken und Begehren zu lösen und das Verlangen nach menschlicher Liebe aufzugeben, denn nur so könne man Gott näher kommen. Natürlich würde das nie ganz gelingen. Wir seien schließlich alle Sünder. Paula konnte diese Deutung nicht akzeptieren. Was war das für ein Gott, der sie mit dem Verlangen nach Liebe geschaffen hatte, um dann den Verzicht darauf von ihr zu fordern, einen Verzicht, zu dem sie offenkundig ohnehin nicht wirklich fähig war? Warum sollte das Verlangen nach menschlicher Liebe überhaupt Sünde sein? Unter dieser Voraussetzung erschien Gott ihr als ein grausames sadistisches Wesen. Das erste Mal in ihrem Leben keimten Suizidgedanken in ihr auf.

Wie Paula erhalten auch andere junge Ordensleute oder Seminaristen nicht immer eine für sie sinnvolle Deutung der evangelischen Räte oder des Zölibats, sondern bekommen einfach eine bestimmte Deutung präsentiert. Ihnen wird beispielsweise gesagt: Innerlich frei für Gott sein wäre der Sinn des Zölibats. Den jungen Menschen wird vermittelt, wer wirklich von Gott ergriffen wäre, würde das spüren, sodass sie sich selbst einreden, sie spürten das – und lieber nicht genauer nachdenken oder nachspüren. Wer dagegen zugibt, das nicht zu verstehen, wer vielleicht sogar sagt, er hätte eher das Gefühl, die in einer Liebesbeziehung voll ausgelebte Sexualität würde Menschen Gott näher bringen, oder wer sagt, er würde den Zölibat lieber als eine Art „notwendiges Übel" betrachten, der bekommt unter Umständen zu hören, er läge falsch und solle den Zölibat und seine Deutung als „Weg zu größerer Gottesnähe" einfach akzeptieren. Irgendwann später würde er es schon verstehen lernen. Wenn diesem Menschen nicht gar Ungeduld oder Ablehnung entgegenschlägt oder der Verdacht, er wäre nicht „berufen". Manche haben in dieser Situation nicht nur nicht die Möglichkeit, sich eine andere für sie akzeptable Deutung des Zölibats selbst zu suchen, sondern können sich nicht einmal mehr frei gegen den einmal gewählten Weg des ehelosen Lebens entscheiden, weil auch eine positive Deutung einer solchen Entscheidung in ihrem Umfeld unmöglich ist. Je nachdem wie ausgeprägt der Zwang ist, sich eine bestimmte, für den einzelnen inakzeptable Deutung des Zölibats zu eigen zu machen, liegt in einem solchen Fall ein Grenzfall spiritueller Vernachlässigung vor, der in spirituelle Manipulation und Gewalt übergeht.

Auch Melanie war neu in eine geistliche Gemeinschaft eingetreten. Ihre Familie war, solange sie denken konnte, mit dieser neuen geistlichen Gemeinschaft verbunden gewesen. Sie kannte kaum andere Formen des Glaubens und des Ordenslebens. Sie kannte praktisch nur die immer strahlenden Brüder und Schwestern dieser Gemeinschaft. So erschien es ihr nicht nur natürlich, selbst dort – und nicht irgendwo anders – einzutreten, sondern sie konnte sich auch kaum vorstellen, dass Ordensleben überhaupt anders aussehen konnte. In dieser Gemeinschaft war klar, dass Ordensleben genau eines bedeutete: Glück durch bedingungslose Hingabe. Hingabe wiederum bedeutete: Bereitwillig tun, was einem aufgetragen wird, unermüdlich arbeiten, beten und dabei lächeln – wenn es sein musste, bis zum Umfallen. Melanie stand fortan täglich um 5 Uhr auf, um bis spät abends eine lückenlose Abfolge von Gebet, Mahlzeiten und Arbeiten zu absolvieren. Fast den ganzen Tag verbrachte sie im hektischen Betrieb einer Großküche – ohne für diese Arbeit ausgebildet zu sein – unterbrochen nur vom Stundengebet und den drei täglichen Mahlzeiten. Als Melanie nach einiger Zeit spürte, dass es ihr zu viel wurde, konnte sie dieses Gefühl der Erschöpfung nur als Versuchung oder Schwäche begreifen.

Wie in Melanies Beispiel kommt es leider auch in anderen katholischen Gemeinschaften vor, dass den jungen Mitgliedern nur eine einzige Deutung ihres Lebens angeboten wird. Wo das der Fall ist, enthalten diese Deutungen nicht selten potentiell giftige spirituelle Ressourcen oder stellen gar eine toxische Spiritualität dar, die ein dualistisches Welt- und Menschenbild beinhaltet und von den jungen Menschen verlangt, ihrem bisherigen Leben und ihren eigenen Neigungen „abzusterben", ihre Bedürfnisse und Vorstellungen aufzugeben und sich bedingungslos unterzuordnen, gegen alle rationalen oder emotionalen Widerstände und über Grenzen physischer und psychischer Erschöpfung hinweg.[17] Es liegt auf der Hand, dass derartige Spiritualitäten fast zwingend auf spiritueller Vernachlässigung aufbauen. Menschen, die über alternative spirituelle Ressourcen verfügen, werden kaum bereit sein, sich mit einer toxischen Spiritualität zu begnügen. Es wird also deutlich, dass spirituelle Vernachlässigung mit mangelndem Wissen zu tun hat. Melanie kennt keine anderen Formen des Katholizismus oder des Ordenslebens als die, die in der geistlichen Gemeinschaft praktiziert werden, der ihre Eltern nahestehen. Sie weiß auch nicht, dass Ordensleute beispielsweise einen ordensrechtlich verbrieften Anspruch auf Urlaub haben.

Grundsätzlich gilt: Menschen, die mit verschiedenen spirituellen Konzepten und Praktiken vertraut sind, können spirituelle Angebote eher einschätzen. Menschen, die spirituell vernachlässigt worden sind, laufen dagegen eher Gefahr, Verführern und Scharlatanen zum Opfer zu fallen. Dazu kommt, dass solche Menschen sich kaum ihres spirituellen Selbstbestimmungsrechts bewusst sind. Für sie ist es tendenziell normal, dass sie selbst keine spirituellen Entscheidungen treffen. So neigen sie eher dazu, den spirituellen Vorgaben anderer zu folgen, auch wenn sie spüren, dass das für sie belastend ist.

4.1.4 Spirituelle Vernachlässigung von Opfern geistlichen Missbrauchs

Um es ausdrücklich zu sagen: Die Begleitung von Missbrauchsopfern erfordert besonderes Fingerspitzengefühl und natürlich kann das nicht jeder geistliche Begleiter leisten. Und selbstverständlich gilt auch abgesehen davon ganz grundsätzlich, dass ein geistlicher Begleiter üblicherweise nicht jedem Einzelnen haargenau das spirituelle Angebot machen kann, das dieser Mensch bräuchte. Kein einzelner Begleiter muss jedem Menschen in jeder möglichen Lebenssituation die passende Begleitung und das passende spirituelle Angebot machen können. Wenn er es einmal nicht kann, muss er das nur auch zugeben können. Das ist alles. Und: Er sollte von vornherein klarmachen, dass er die spirituelle Selbstbestimmung des Begleiteten achtet, indem er ihm zum Beispiel sagt: „Was ich Ihnen hier anbiete, muss für Sie hilfreich sein. Wenn es das nicht ist, sagen Sie es ruhig. Es ist völlig in Ordnung, wenn sich herausstellt, dass Sie mit dem, was ich Ihnen hier biete, nichts anfangen können." Tut er das nicht oder zieht er die Möglichkeit, dass sein Angebot für einen bestimmten Menschen nicht das richtige sein könnte, gar nicht erst in Erwägung oder zeigt er sich gar gekränkt, wenn der andere signalisiert, dass er mit ihm und seiner Begleitung nichts anfangen kann, dann erhebt er damit implizit den Anspruch, dass das, was er anbieten kann, dem anderen zu genügen hat, egal ob es ihm hilft oder nicht. Eine solche Haltung untergräbt die spirituelle Selbstbestimmung des Begleiteten. Sie ist in jedem Fall spirituelle Vernachlässigung und nahe an spiritueller Manipulation. Diese Form von Vernachlässigung erleben gerade Opfer von geistlichem Missbrauch, wenn sie versuchen, ihre Missbrauchserfahrungen in einer geistlichen Begleitung aufzuarbeiten.

Paula hatte viele Jahre spirituellen Missbrauchs hinter sich und begann gerade erst langsam zu ahnen, dass diese Erfahrungen nicht auf ihre persönliche Schwäche oder Schuld zurückzuführen waren, sondern dass es sich um Gewalterfahrungen handelte. Sie machte mehrere Versuche, diese Erfahrungen im Rahmen geistlicher Begleitung anzusprechen. Dabei wurde sie immer wieder von ihren Begleitern gebremst. Sie spürte, dass sie ihr nicht zuhören wollten oder konnten. Ein Dominikaner, der sie einige Zeit lang begleitete, sagte ihr, sie solle doch dankbar sein, dass es ihr jetzt gut ginge und dass sie das alles hinter sich hätte. Ein Jesuit, bei dem sie daraufhin in die geistliche Begleitung ging, sagte monatelang einfach gar nichts, sondern beschränkte sich darauf, ihr mit nachdenklichem Blick zuzuhören – um dann abzubrechen und einen Termin für das nächste Gespräch auszumachen, bis Paula keinen neuen Termin mehr vereinbaren wollte. Daraufhin ließ sie sich einen pensionierten Generalvikar als geistlichen Begleiter empfehlen. Der sagte ihr, sie solle doch nicht nachtragend sein. Einzig ein Franziskaner, von dem sie Einzelexerzitien empfing, half ihr ein wenig. Er wollte zwar nichts von ihren Erfahrungen hören, die er als zwischenmenschliche Missverständnisse abtat, aber er brachte sie auf die Idee, ihre Erfahrungen malend zu verarbeiten, und bot ihr zu dem Zweck Wachsmalstifte und ein paar Bögen Papier an. Immerhin malend konnte Paula die ganze erfahrene Dunkelheit der vergangenen Jahre das erste Mal so zum Ausdruck bringen, wie sie sie empfunden hatte, ohne dabei gebremst zu werden.

Gerade Opfern, die von kirchlichen Amtsträgern geistlich oder sexuell missbraucht worden sind, geht es oft so, dass ihnen in der Kirche keine spirituellen Ressourcen angeboten werden, die ihnen helfen, diese Missbrauchserfahrungen so zu deuten, dass sie gut mit ihnen umgehen können. Dabei ist es das gute Recht gerade dieser Opfer, nach solchen Ressourcen zu suchen, denn sie haben in dieser Kirche ja nicht nur Missbrauch erlebt, sondern es ist ganz einfach auch *ihr* Glaube und *ihre* Kirche und es *gibt* gerade im christlichen Glauben spirituelle Ressourcen, die ihnen helfen können, mit dieser Erfahrung umzugehen: Zum Beispiel die Geschichte der Susanna, die von zwei Ältesten sexuell genötigt und von Daniel verteidigt wird (Dan 13,1 – 14,42); oder die von Hiob, der sich in seinem Leiden gegen die spirituellen Übergriffe seiner Frau und seiner Freunde wehren muss, mit Gott ringt, sich gegen Gott empört und am Ende getröstet wird; oder die Geschichte von David, der durch das Gleichnis Nathans vom armen Mann, dessen Schaf der reiche König schlachten lässt, zu Einsicht und Reue gelangt (2 Sam 12,1–25); Jesu Mahnung für die, die sich anmaßen, fromm zu sein, und die anderen verachten (Lk 18,9ff.), und für die, die den Schlüssel der Erkenntnis weggenommen haben und denen, die Erkenntnis wollten, den Eintritt verwehrt haben (Lk 11,37–52), bis hin zu Trostworten für Menschen, die gelitten haben (z. B. Offb 7,14–17). Dabei liegt der Grund für die Vernachlässigung von Opfern wohl weniger darin, dass geistliche Begleiter und Begleiterinnen diese Ressourcen nicht kennen, als vielmehr darin, dass das Anbieten dieser Ressourcen die Anerkennung impliziert, *dass überhaupt ein Missbrauch stattgefunden hat und dass kirchliche Amtsträger diesen Missbrauch begangen haben.* Mit anderen Worten: Die spirituelle Versorgung von Missbrauchsopfern kann nur gelingen, wenn der geistliche Begleiter oder die geistliche Begleiterin die Täteridentifikation aufgibt. Wer das nicht tut, wird den Missbrauch leugnen, relativieren oder versuchen, ihn auszuklammern, mit dem Resultat, dass er die begleitete Person spirituell vernachlässigt.

4.1.5 Die Folgen spiritueller Vernachlässigung

Spirituelle Vernachlässigung kann schwere Folgen haben. Sie führt dazu, dass Menschen mehr schlecht als recht ausgestattet durch ihr ganzes Leben gehen, vielleicht mit einem bedrückenden Gottesbild, mit für sie im Innersten befremdlichen oder unverständlichen Vorstellungen vom Sinn des Lebens, mit Ritualen und Texten, in denen sie sich nicht zu Hause fühlen können, oder schlimmer noch: die sie ängstigen und belasten. Diese Menschen werden instinktiv eine andere, bessere, echte spirituelle Heimat suchen. Vielen gelingt das nicht. Und selbst wenn es ihnen gelingt, werden ihnen geistliche Wunden bleiben – ähnlich wie Erwachsenen, die als Kinder schwere Vernachlässigung erlebt haben, psychische Wunden bleiben.

Kathrin war in eine neue geistliche Gemeinschaft eingetreten, musste sie aber nach verschiedenen Missbrauchserfahrungen schon kurze Zeit später, mitten im Noviziat, wieder verlassen. Beim Verlassen der Gemeinschaft wurde sie erneut unter Druck gesetzt. Ihr Beichtvater sagte ihr, sie hätte ihr Lebensglück verwirkt. Kathrin hatte niemanden an ihrer Seite, der ihr nach dem Austritt anstelle der spärlichen spirituellen Ressourcen, die sie von ihren Eltern erhalten hatte, und der vergifteten Ressourcen, die sie in ihrer Gemeinschaft erhalten hatte, andere, hilfreiche spirituelle Ressourcen an die Hand gegeben hätte. Zwar machte sie eine Therapie und suchte sich einen angesehenen geistlichen Begleiter, aber weder der Therapeut noch der Begleiter verstanden, dass sie geistlich missbraucht worden war und dass sie dringend neue tragende spirituelle Ressourcen benötigte. Anstatt ein wirklich neues Gottesbild, eine neue, gute Art zu glauben, neue Vorstellungen von Kirche und Gebet, vom Sinn des Lebens entwickeln zu können, blieb ihr vorerst nur, diese alten, giftigen und wenig hilfreichen Ressourcen in den Hintergrund ihres Lebens zu verschieben. Als Kathrin viele Jahre später ein Kind mitten in der Schwangerschaft verlor, entfalteten diese giftigen Ressourcen ihre ganze Kraft aufs Neue. Sie fühlte sich schuldig und von Gott gestraft. Ihr Beichtvater von damals schien Recht behalten zu haben: Sie konnte niemals mehr glücklich werden.

Ähnlich wie Kathrin sind viele spirituell vernachlässigte Menschen ihr Leben lang mit einer spirituellen Ausstattung unterwegs, die ihnen mehr schadet als nützt. Anstatt über eine Deutung ihres Lebens und ihrer Erfahrungen zu verfügen, die sie sich selbst frei gewählt haben und mit der sie gut leben können, plagen sie sich mit unpassenden oder gar giftigen Ressourcen, die sie in ihrem Leben behindern und sie in schwere geistliche Not bringen können.

Unter den vielen Erfahrungen von Menschen, die mir ihre Missbrauchsgeschichte erzählt haben, haben mich besonders die von älteren Menschen betroffen gemacht, die als Kinder spirituell vernachlässigt worden sind und ein Leben lang keine hilfreiche spirituelle Ausrüstung an die Hand bekommen haben. Meist haben sie als Kinder die schlechte Kost einer religiös konnotierten Verbots- und Schuldmoral aufgenötigt bekommen, die ihnen ein Leben lang immer neue Übelkeit verursacht und sie daran gehindert hat, sich selbst – und damit auch andere – zu lieben und die richtigen Lebensentscheidungen für sich zu treffen. Dabei stehen mir vor allem Frauen vor Augen, die in der Kriegs- und Nachkriegszeit katholisch erzogen worden sind. Ihnen wurde beigebracht, dass sie als Mädchen und Frauen dadurch glücklich werden würden, dass sie fromm, keusch, schweigsam und dienstbereit sind, sich unterordnen, ihren Eltern, im Orden ihren Oberen oder in der Ehe ihrem Mann, ihren Schwiegereltern und Kindern zur Verfügung stehen und dabei sich selbst vergessen. Manche von ihnen konnten diese Erzählung ein Leben lang nicht in Frage stellen und gestehen sich erst jetzt, im Alter von vielleicht siebzig oder achtzig Jahren ein, dass sie durch Selbstverleugnung nicht glücklich geworden sind. Ich wünsche diesen Frauen sehr, dass sie es trotz ihres hohen Alters noch schaffen, eine gesunde Spiritualität für sich zu entwickeln, in der ihre eigenen Wünsche und Bedürfnisse endlich den ganzen Raum bekommen, den sie verdienen. Vor allem aber hoffe ich, dass zukünftig immer weniger Menschen ein Leben lang unter der spirituellen Vernachlässigung leiden müssen, die sie als Kinder vielleicht erlebt haben, sondern dass sie früher Zugang zu einer angemessenen und wirklich hilfreichen spirituellen Versorgung bekommen und spirituell handlungsmächtig werden.

4.2 Spirituelle Manipulation

Spirituelle Manipulation liegt dann vor, wenn die spirituelle Freiheit der begleiteten Person nicht einfach unausgebildet bleibt – wie im Falle spiritueller Vernachlässigung –, aber auch nicht direkt und offen angegriffen wird – wie im Falle spiritueller Gewalt, von der weiter unten die Rede sein wird –, sondern subtil mit Hilfe verschiedener Techniken untergraben wird. *Wer jemand anderen spirituell manipuliert, macht ihn glauben, er habe selbst und aus freien Stücken auf bestimmte Weise gehandelt* – beispielsweise einen bestimmten Blick auf sein eigenes Leben bekommen, eine bestimmte Lebensentscheidung getroffen, ein bestimmtes Gebet gesprochen, Geld gespendet –, *während er in Wirklichkeit mit Hilfe bestimmter Techniken dazu gebracht worden ist.*

Wenn eine gesunde Spiritualität wie eine gesunde Liebesbeziehung ist, dann ist spirituelle Manipulation wie eine Begegnung mit der *Pick Up Community*.[18] Die Mitglieder dieser Szene, sogenannte *Pick Up Artists*, leben in dem Gefühl, auf ehrliche Weise keine Beziehung haben zu können, weil sie – wenn sie ehrlich sind – für andere heillos unattraktiv sind. Sie glauben außerdem, dass es nur eine Frage der richtigen Technik ist, jede beliebige Person verführen zu können. Also wenden sie bestimmte Methoden an, um andere zu verführen. Sie inszenieren sich auf eine bestimmte Weise, spielen mit der Wahrnehmung und den Emotionen ihrer Zielperson, adressieren gezielt ihr Unterbewusstsein und bearbeiten sie so lange, bis sie sie herumkriegen. Dabei blenden sie zwei

Dinge aus: einerseits den freien Willen und die Würde der anderen Person (was berechtigt sie dazu, Menschen für ihre eigenen Bedürfnisse zu verzwecken?) und andererseits die Ursache ihres eigenen Minderwertigkeitsgefühls (warum halten sie sich für so erbärmlich, dass sie glauben, keine Beziehung eingehen zu können, ohne ihr Gegenüber zu manipulieren?).

Die Parallelen zwischen der Pick Up Szene und dem Vorgehen einiger katholischer Bewegungen sind erstaunlich. Wie Pick Up Artists leiden Angehörige solcher Bewegungen unter der Diskrepanz zwischen ihrer gefühlten Minderwertigkeit und der Großartigkeit, die sie sich für sich wünschen. Und wie Pick Up Artists wollen die Angehörigen solcher Bewegungen möglichst viele Menschen herumkriegen und wenden dazu ganz gezielt bestimmte Techniken an. Dazu gehören teils emotionale Inszenierungen, einseitige Informationen oder die Vorspiegelung falscher Tatsachen, moralische oder emotionale Wertungen, subtile Drohungen oder das Ausspielen von Machtgefällen und Beziehungsdynamiken. Wie Pick Up Artists fragen sich auch die Täter katholischer Bewegungen – auch die wohlmeinenden – nicht, warum sie eigentlich meinen, diese Techniken zu brauchen, und wo die Freiheit derer und die Augenhöhe mit denen bleibt, die auf diese Weise bearbeitet werden. Die Freiheit der anderen scheint bei ihnen gar keine Rolle zu spielen. Was zählt, ist der Erfolg: Möglichst viele Menschen herumzukriegen und unter Kontrolle zu haben scheint diesen Manipulationskünstlern ein Erlebnis zu verschaffen, auf das sie schwer verzichten können. Sie sind wie Hirten, die sich selbst weiden. Was die Schafe brauchen, kümmert sie nicht, sondern sie nehmen sich umgekehrt von den Schafen, was sie brauchen: Bewunderung, Selbstbestätigung, Geld, Einfluss, Gefälligkeiten und loyale Ergebenheit. Die Schafe, die ihnen nichts bringen, ignorieren sie. Die Schafe, die sie ausbeuten können, beuten sie aus. Und nachdem sie sie ausgebeutet haben, überlassen sie sie sich selbst, sodass sie am Ende eine Beute der wilden Tiere werden (Ez 34,3–5).

Die Täter haben in der Regel das Ziel, die begleitete Person zu einer bestimmten spirituellen Wahrnehmung oder zu bestimmten Entscheidungen und Handlungen zu drängen. Die Menschen, die sie verführen, sind zunächst tatsächlich fasziniert und begeistert. Sie glauben, sie wären von Gott ergriffen worden, hätten spirituelle Erfahrungen gemacht, eine Bekehrung erlebt, wären auserwählt oder berufen worden und es wäre ihre freie Entscheidung, sich der Bewegung anzuschließen, ihr Geld und ihre Kraft zu opfern, Freundschaften zu beenden und vieles mehr. Die spirituelle Manipulation ist dabei in manchen Fällen nur der Einstieg für andere Arten von Übergriffen, beispielsweise für emotionale, finanzielle oder sexuelle Ausbeutung. In einigen Fällen sind die Täter zwar wohlmeinend, folgen aber einer bei Licht besehen unhaltbaren Annahme. Sie meinen, sie selbst wüssten, im Unterschied zu den meisten anderen Menschen, was „richtig" sei, und müssten die Menschen, die das von alleine nicht wissen könnten, mit Tricks dazu bewegen, das „Richtige" zu glauben und zu tun.

Spirituelle Manipulation baut auf spiritueller Vernachlässigung auf. Das heißt, Menschen, die spirituelle Vernachlässigung erlebt haben, die sich nicht bewusst sind, dass sie ihre Spiritualität frei und selbstbestimmt entwickeln dürfen, die nicht souverän mit verschiedenen spirituellen Ressourcen umgehen können, die nicht in der Lage sind, bestimmte spirituelle Ressourcen zurückzuweisen, weil sie ihnen nicht helfen, sind leicht spirituell manipulierbar. Dagegen werden sich Menschen eher nicht spirituell manipulieren lassen, wenn sie im Bewusstsein leben, ein Recht auf spirituelle Selbstbestimmung zu haben, und wenn sie spirituell handlungsmächtig und gut versorgt sind. Spirituelle Handlungsmächtigkeit alleine ist aber noch keine Gewähr für Widerstandsfähigkeit. Auch ein spirituell grundsätzlich handlungsmächtiger Mensch kann spirituell manipulierbar werden, wenn er beispielsweise zunächst emotional manipuliert wird und der Täter diese emotionale Manipulation als Grundlage für die spirituelle Manipulation benutzt. In vielen Fällen dürfte auf die ein oder andere Weise beides gegeben sein: emotionale Bedürftigkeit und spirituelle Vernachlässigung bilden dann gemeinsam die Grundlage für die spirituelle Manipulierbarkeit des Opfers.

4.2.1 Manipulation durch Charisma, Wissen und Macht

Spirituelle Manipulation kann sehr subtil sein. Schon der besondere Ruf oder die besondere Ausstrahlung eines geistlichen Begleiters oder Führers kann für die spirituelle Manipulation benutzt werden, weil sie es der begleiteten Person mitunter unmöglich machen können, das spirituelle Angebot dieses Führers für sich selbst zurückzuweisen.

> *Thomas war noch unschlüssig, ob er wirklich in die Gemeinschaft eintreten sollte. Gerade in dieser Zeit der Unsicherheit wurde er besonders oft von der Gemeinschaft eingeladen und auch hochrangige Mitglieder nahmen sich Zeit für ausführliche persönliche Gespräche mit ihm. Er wurde nach Rom eingeladen, wo die Gemeinschaft ein schönes großes Haus besaß. Im Garten saß er mit einem Priester aus dem Führungsgremium der Gemeinschaft zusammen und schilderte ihm seine Unsicherheit. Wie konnte er wissen, ob der Eintritt und das Leben in dieser Gemeinschaft der richtige Weg für ihn wären? Der Pater forderte ihn auf, ein Stundenbuch aufzuschlagen, das auf dem Tisch lag. Thomas nahm das Buch und schlug es auf. Auf der geöffneten Seite stand der Psalm 110: Du bist Priester auf ewig! – Dass Thomas ausgerechnet diese Seite aufgeschlagen hatte, konnte kein Zufall sein. Es war ein eindeutiges Zeichen.*

Was Thomas hier geschieht, ist typisch: Manipulatoren nehmen die Unsicherheit, die ihre Opfer zum Ausdruck bringen, ihr Zögern und ihre Fragen nicht ernst. Stattdessen stellen sie sie als ungerechtfertigt hin. Der Manipulator zeigt sich beispielsweise von seinem Opfer „enttäuscht", indem er ihm suggeriert, es zögere aus mangelnder Liebe oder Reife: „Ich dachte, du wärst da schon weiter / deine Liebe wäre größer"; oder indem er ihm – wie im obigen Beispiel – vermittelt, es gäbe ein eindeutiges Zeichen: „Du bist unsicher? Schau mal, da steht es doch, dass du Priester werden sollst!" Das asymmetrische Verhältnis zwischen Manipulator und Opfer – die hohe Stellung, der Ruf und der vermeintliche Wissensvorsprung des Manipulators ebenso wie die vielleicht geringe Stellung, die emotionale Bedürftigkeit und das mangelnde Wissen des Opfers – bewirken, dass das Opfer dem Manipulator folgt und seine Deutung akzeptiert. Die Unsicherheit des Opfers verschwindet dadurch nicht, es bekommt nur das Gefühl, dass seine Unsicherheit keine Berechtigung besitzt, sodass es seine eigene Unsicherheit, seine Fragen und Zweifel verdrängt.

Wie in diesem Beispiel von Thomas ist spirituelle Manipulation im Kern immer die Delegitimation der Wahrnehmungen, Gefühle, Entscheidungen und Standpunkte des Opfers. Das kann so weit gehen, dass sogar handfeste Gründe mit dem Verweis auf die vermeintliche spirituelle Einsicht des geistlichen Führers beiseite gewischt werden. Es kommt zum Beispiel vor, dass Brüdern oder Schwestern in Gemeinschaften Aufgaben zugewiesen werden, zu denen sie sich nicht imstande fühlen und für die sie keine Ausbildung erhalten haben: in einer Großküche Mahlzeiten für fünfzig, hundert oder mehr Personen zuzubereiten, die Verantwortung für Jugendliche in einem Zeltlager zu übernehmen, als Novizenmeisterin junge Mitschwestern ins Ordensleben einzuführen, als Vermögensverwalterin den vielleicht millionenschweren Haushalt eines Instituts und seiner Einrichtungen zu regeln oder ein Krankenhaus in einer ländlichen Region Afrikas zu leiten, ohne Medizinstudium, Ärzte oder Stromanschluss.[19] Brüdern und Schwestern, die ohne angemessene Vorbereitung genötigt werden, solche Aufgaben zu übernehmen, wird von den Oberen beispielsweise gesagt, der Heilige Geist würde ihnen alles Nötige eingeben. Sie müssten die Aufgabe nur im Gottvertrauen oder im Gehorsam annehmen, dann würde alles gut. Diese Art von spiritueller Argumentation kann so weit getrieben werden, dass jemand glauben gemacht wird, es wäre verdienstvoll, sich in Gefahr zu begeben.

In Stefans Gemeinschaft war schon seit Langem eine Fußwallfahrt geplant. Die Wettervorhersage für den gewählten Tag war allerdings gespickt mit Unwetterwarnungen und jeder im Haus wusste, wie extreme Wetterlagen in der Region aussehen konnten. Da die Oberen ihre Pläne für die Wallfahrt dennoch nicht zu ändern schienen, wies Stefan sie darauf hin. Die Antwort lautete, wenn sie sich trotz des schlechten Wetters im Glauben auf den Weg machen würden, wäre das ein kraftvoller Akt des Gottvertrauens und Gott würde sie schützen. Stefan selbst konnte diese Auffassung nicht vollends teilen, aber die meisten seiner Mitbrüder schienen davon völlig überzeugt – und er konnte ihr nichts entgegensetzen. So machten sie sich alle auf den Weg. Begeistert von dem Glaubensakt, den sie meinten zu setzen, gingen die meisten ganz ohne Regenschirme und Regenkleidung aus dem Haus. Sobald sie auf der Straße waren, setzte ein heftiger Regenschauer ein. Der Regen war so stark, dass man kaum etwas sehen konnte. Die Gruppe wurde getrennt. Binnen Kurzem waren Straßen und U-Bahn-Stationen der Stadt überflutet. Nur fünf der dreißig Brüder, die sich auf den Weg gemacht hatten, erreichten ihr Ziel. Andere gerieten in ernsthafte Gefahr. Einige, darunter Stefan, mussten von einem Baum gerettet werden, auf den sie sich vor den Wassermassen geflüchtet hatten. Als die versprengten Brüder abends schließlich alle wieder zu Hause waren, blieben die Oberen bei ihrer Deutung. Sie sahen den Tag als einen großen Segen für die Gemeinschaft an.

Es stellt sich die Frage, wie geistliche Führer reagieren, wenn ein Mensch durch einen solchen waghalsigen „Glaubensakt" verunglückt und stirbt oder zum Pflegefall wird: Würden sie, weil sie diese Handlung verlangt haben, auch die Verantwortung für die Konsequenzen übernehmen oder würden sie diese als „Gottes Willen" betrachten und „Gott" die Verantwortung geben? Ein Blick auf den kirchlichen Umgang mit Kindesmissbrauch legt eine dritte Möglichkeit als wahrscheinlich nahe: Geistliche Führer, die solche Fälle direkt oder indirekt zu verantworten haben, werden wohl alles tun, um den Fall unter einem Mantel des Schweigens zu begraben und jede Verantwortlichkeit von sich zu weisen, auf Kosten der Opfer, die ohne einen langen und zermürbenden Kampf keine Wiedergutmachung und Aufarbeitung von kirchlicher Seite zu erwarten haben. Einige der Opfer, deren Fälle ich hier erzähle, darunter Kathrin, Carmen, Paula, Johannes, Stefan und Thomas haben mir von solchen Reaktionen berichtet, zum Teil liegen sie mir in Form von bischöflichen Schreiben sogar schriftlich vor. Dort wird dann beispielsweise beteuert, der Bischof bete für die betroffene Person und ermutige sie, „trotz allem" auch weiterhin der Kirche zu vertrauen. Von Verstehen-Wollen oder von einer Anerkennung des geschehenen Missbrauchs, von Verantwortungsübernahme oder gar von Wiedergutmachung ist eine solche Reaktion offensichtlich sehr weit entfernt.

4.2.2 Manipulation durch Inszenierungen

Wer andere spirituell manipuliert, arbeitet in aller Regel mit Inszenierungen, das heißt, er lässt Dinge anders erscheinen, als sie in Wirklichkeit sind, und macht dadurch sein Opfer etwas glauben, was mit der Realität nicht übereinstimmt.

Stefan wurde von seinem Oberen beauftragt, Gäste auf einer Tour durch die Stadt zu begleiten. Es handelte sich um ein Ehepaar, das erst vor Kurzem in Kontakt mit der Gemeinschaft gekommen war und das die Mitbrüder gerne an die Gemeinschaft gebunden hätten. Stefan sollte sich nun während ihres Besuchs einige Stunden mit ihnen beschäftigen und sie durch die Stadt führen. Zuvor ging sein Oberer mit ihm ein Protokoll all der Gespräche durch, die die Mitbrüder bisher mit diesem Ehepaar geführt hatten. Es enthielt Anmerkungen zu ihren Interessen, zu dem, was sie an der Gemeinschaft mochten, ebenso wie zu ihren Bedenken und Argumenten und dazu einige Hinweise, was man ihnen sagen, wie man mit ihnen reden, welche Themen man ansprechen und wie man Zweifel zerstreuen sollte, um sie besser an die Gemeinschaft zu binden. Stefan sollte das alles im Gespräch mit ihnen berücksichtigen. Obwohl er Bauchweh hatte, tat er das. Das Gespräch verfehlte seine Wirkung nicht: Die Gäste sahen darin, wie scheinbar zufällig immer wieder Dinge angesprochen wurden, die ihnen persönlich wichtig waren, ein Zeichen, dass Gott sie näher zu dieser Gemeinschaft hinführen wollte.

In bestimmten katholischen Bewegungen und Gemeinschaften ist es ein durchaus übliches Vorgehen, mit Absicht etwas zu inszenieren, worin andere dann ein Zeichen Gottes sehen sollen: Das trifft vor allem auf die vermeintlich besonders fröhliche und aufgeräumte Stimmung in den Gemeinschaften zu oder auf scheinbar zufällige Begegnungen, aber auch auf scheinbar zufällige Anspielungen in Gesprächen. Der zweite Vorname eines jungen Gastes, eine liturgische Lesung an einem bestimmten Datum oder eine „zufällige" Begegnung mit dem Gründer oder der Gründerin einer Gemeinschaft und die von ihm oder ihr bei der Gelegenheit gesprochenen Worte können dann ein vermeintlich eindeutiges Zeichen dafür sein, dass Gott jemanden „ruft". Mitunter werden auch Begebenheiten, die tatsächlich zufällig und völlig banal sind, zu „Zeichen" erklärt. Wetterphänomene eignen sich dafür besonders gut, sind sie doch mythologisch eng mit göttlichem Eingreifen verbunden und obendrein vielfach interpretierbar: Ein Sonnenstrahl, ein Regenbogen, ein heftiger Sturm, der erste Schnee – mit genug Phantasie lassen sie sich so interpretieren, dass sie irgendwie Zeichen für Gottes Wohlwollen gegenüber der eigenen Gruppe und für die Richtigkeit ihrer Handlungen und die Bosheit ihrer Gegner sind oder dafür, dass der junge Mensch, der diese Gemeinschaft vielleicht gerade besucht, ihr beitreten oder sein Leben auf diese oder jene Weise ändern soll.

Gemeinschaften verlassen sich aber nicht ausschließlich auf zufällige Zeichen und absichtliche Inszenierungen, sondern gehen so weit, ihre Opfer in Gesprächen und Begegnungen wesentlich direkter unter Druck zu setzen und ihnen dabei auch mit Absicht Dinge zu verschweigen, die sie wissen müssten, um sich frei entscheiden zu können.

In Paulas Gemeinschaft war man sehr darauf bedacht, den besten Eindruck auf junge Frauen zu machen, die zu Besuch kamen. Immer wieder wurden Besinnungstage für junge Frauen angeboten. Innerhalb der Gemeinschaft war klar, dass das eigentliche Ziel der Besinnungstage darin bestand, diesen Frauen das Gefühl zu vermitteln, dass sie berufen wären. Beinahe alle geistlichen Vorträge, Tischgespräche und geistlichen Gespräche, die während dieser Besinnungstage mit den jungen Frauen geführt wurden, drehten sich um das Thema „Berufung". Die jungen Frauen wurden mit den jüngsten Schwestern zusammengesteckt: Sie gingen mit ihnen wandern, saßen beim Essen und während der geistlichen Vorträge neben ihnen am Tisch und nutzten jede Gelegenheit, von ihrer eigenen Berufung zu erzählen und davon, dass alle ihre Zweifel und Sorgen sich zerstreut hätten und es kein schöneres Leben gäbe als dieses. Diese jungen Schwestern strahlten und lachten den ganzen Tag beim Wandern, beim Arbeiten, beim Beten. Einige andere Schwestern, die spürbar Schwierigkeiten hatten, wurden dagegen gezielt von den jungen Besucherinnen ferngehalten. Sie mussten während der Besinnungstage für junge Frauen im Nebenzimmer essen, durften an den geistlichen Vorträgen nicht teilnehmen und saßen in der Kapelle in den hinteren Bänken.

Dieses Beispiel ist sehr typisch. Schon die Themensetzung ist unfreiwillig: Statt der angekündigten „Besinnungstage" erleben junge Menschen, die von bestimmten neuen geistlichen Gemeinschaften eingeladen werden, eine Werbeveranstaltung. Sie wollten Besinnung. Sie bekommen Werbung. Sie wollten Ruhe. Sie bekommen Druck. Obendrein wird ihnen ein Bild vom geweihten Leben vor Augen gestellt, das mit der Realität wenig zu tun hat. Ihnen wird nicht nur mehr oder weniger offensiv die Botschaft vermittelt, dass sie selbst zu dieser Lebensform berufen wären und in die Gemeinschaft eintreten sollten, sondern ihnen werden auch permanent inszenierte Glücksgefühle gezeigt, während alles andere absichtlich versteckt wird.

Bei solchen Gelegenheiten werden übrigens nicht nur die Gäste, sondern auch die jungen Brüder oder Schwestern manipuliert. Sie werden nämlich in die Rolle der Werbenden gedrängt. So werden sie dazu genötigt, ihre eigenen Zweifel, Bedenken und nicht werbetauglichen Gefühle zu verstecken oder zu verdrängen, anstatt sich frei und ehrlich zu ihrem neuen Stand als Aspiranten oder Novizinnen verhalten und ihre Gedanken und Gefühle auch eventuellen Gästen gegenüber offen ausdrücken zu können.

4.2.3 Manipulation durch Ideale

Manipulation kann auch durch das Verfestigen von Idealen geschehen, durch das Erzählen der immer gleichen Geschichten, durch die eine Storyline in den Köpfen der Opfer gefestigt wird, in der bestimmte Aspekte der Realität beharrlich ausgeblendet werden. Wer immer wieder dieselben einseitigen Vorbilder und Geschichten präsentiert bekommt, wer immer wieder – noch dazu vielleicht in einer emotional aufgeladenen Situation mit berührender Musik, umgeben von strahlenden Gesichtern – Zeugnisse von Menschen hört, die ihre Bekehrungserlebnisse oder ihre Berufungserfahrungen erzählen, wer immer wieder hört, was für ein großes Glück die Abkehr vom bisherigen Leben ist, was für eine tiefe Gottesbeziehung der Zölibat ermöglicht, wie groß die Gnade, zum Priestertum berufen zu sein, wie wunderbar die Berufung in eine bestimmte Gemeinschaft, die Begegnung mit einem bestimmten Gründer oder einer bestimmten geistlichen Führerin ist, der wird das früher oder später glauben. Mehr noch: Er wird beginnen, seine eigene Geschichte mit denselben Worten zu erzählen. Denn er hat in Bezug auf diesen Menschen, diese Bewegung und dieses Lebensmodell gar keine anderen Worte und Bilder, wenn er die anderen Geschichten nicht auch gehört hat, nämlich die von den Leuten, für die das Priestertum eine Last war, die irgendwann zu dem Schluss gekommen sind, dass der Zölibat eine sinnlose Qual ist, die von denselben Gründerinnen und Seelenführern in denselben Gemeinschaften enttäuscht waren oder gequält worden sind. Die Folge ist, dass Menschen, die auf diese Weise manipuliert wurden, dann, wenn sie selbst enttäuscht sind oder leiden oder gequält werden, keine Worte dafür haben. Sie können dieses Leiden nicht benennen, nicht verstehen und es weder anderen noch sich selbst glauben, weil es in den Geschichten, die sie zu hören bekommen haben, nicht vorkam und sie keine Begriffe dafür haben.

Nachdem Paula auf die Gelübde zuging, ohne die evangelischen Räte anders als Verzicht denken zu dürfen und zu können, geriet sie in eine tiefe Depression. Sie war ja voller Begeisterung in ihre Gemeinschaft eingetreten. In dieser Gemeinschaft gingen alle mit einem strahlenden Gesicht durch den Tag. Die Schwestern schienen vor Glück beinahe zu platzen. Sie sprachen viel von der „Größe der Berufung", von ihrer „Auserwählung" und von dem Glück, das Gott ihnen geschenkt hatte. Paula musste nun aber feststellen, dass sie innerlich ganz leer und traurig wurde. Aber das konnte doch nicht sein. Es durfte nicht sein. Sie behielt die Traurigkeit nach Kräften für sich und lächelte tapfer immer weiter. Dennoch musste eine Schwester etwas gemerkt haben. Sie

> stellte Paula wortlos eine Karte vor die Tür, darauf ein Bild des Gekreuzigten und der Satz: Ein Blick aufs Kreuz macht es wieder leicht.

Wo auch immer der Eindruck erweckt wird, das Leben in einer bestimmten Gemeinschaft oder mit einer bestimmten Entscheidung wäre das reinste Glück, wird indirekt Druck ausgeübt. Dieser Druck führt dazu, dass auch Personen, die nicht glücklich sind, sich genötigt fühlen, über ihre wahren Gefühle zu schweigen und ihr Äußeres, ihre Mimik, ihre Aussagen und ihr Verhalten dem Glücksnarrativ anzupassen. Sie lächeln immer weiter, auch wenn sie unglücklich sind. Sie erzählen allen, wie gut es ihnen geht und wie dankbar sie sind, obwohl sie sich innerlich leer und depressiv fühlen. Sie werben immer weiter für ihre Gemeinschaft, auch wenn sie schon längst Zweifel haben oder selbst Opfer von Missbrauch geworden sind. Alles andere erscheint geradezu als blasphemisch: als Ausdruck eines Zweifels an Gott. So entsteht ein Klima, in dem niemand in der Gemeinschaft mehr in der Lage ist, selbst echte und legitime Schwierigkeiten als solche zu erkennen und zu benennen, sodass Not, wo auch immer sie doch einmal sichtbar wird, einfach auf die Seite geschoben wird – beispielsweise mit einem Verweis auf das Kreuz. Die Botschaft lautet: Wenn du schon leidest – was du in dieser Gemeinschaft oder mit dieser Entscheidung gar nicht dürftest –, dann wird es schon für irgendetwas gut sein. Es erscheint verdienstvoll, darüber zu schweigen, um das vermeintliche große Ideal nicht zu gefährden, das durch dieses Leiden in Frage gestellt wird.

Kurz: Totalitäre Glücksnarrative bewirken, dass Menschen, die in Systemen, die solche Narrative pflegen, Not leiden, beschämt werden und dass ihnen weder von anderen geholfen wird noch sie sich selbst helfen können. Ähnliches gilt für Heiligkeits- oder Heldennarrative, die Glück durch völlige Selbstaufgabe versprechen:

In Melanies Gemeinschaft wurde viel von „vollkommener und bedingungs-
loser Hingabe" gesprochen. Den Schwestern wurde als Vorbild ihrer Hingabe
Maria vor Augen gestellt, die ihr Fiat gesprochen hatte, ohne den Plan Gottes
zu kennen und zu verstehen. Wenn es schwer wurde, sollten sie an Jesus den-
ken, der bereitwillig am Kreuz gestorben war und so die Welt erlöst hat. Alle
Geschichten, Predigten, Zeugnisse, Betrachtungstexte, Lektüren, die Melanie
von geistlichen Begleitern, von ihrer Novizenmeisterin, von ihrer Oberin in
die Hand bekam, enthielten diese Storyline: Jesus nachfolgen heißt auch die
Bereitschaft haben, sich kreuzigen zu lassen. Das ist bedingungslose Hingabe
und durch diese Hingabe wird die Welt gerettet.

Durch die Verfestigung von solchen Selbstaufgabe verherr-
lichenden Narrativen werden Menschen ganz buchstäblich
genötigt, grenzenloses Leiden auf sich zu nehmen, sobald ihre
geistlichen Führer das von ihnen verlangen. Sie können keine
Rücksicht auf ihre persönlichen Bedürfnisse mehr einfordern,
denn weder Maria noch Jesus haben das getan. Schließlich
geht es darum, die Welt zu retten. Wie kann man gegenüber
diesem Anspruch die eigenen banalen Bedürfnisse, beispielsweise nach einem Kaffee am Nachmittag, nach mehr Essen
und Schlaf oder Unterhaltung, einklagen wollen? Wie könnte
man den an die eigene Person herangetragenen Anforderungen irgendeine Grenze setzen, die unterhalb des täglich vielfach als Ideal vor Augen gemalten Kreuzestodes bliebe?

In vielen katholischen Ordensgemeinschaften auf der
ganzen Welt werden insbesondere Frauen mit Hilfe solcher
Selbstaufopferungs-Ideale so manipuliert, dass sie klaglos
Ausbeutung und Leiden ertragen, im Glauben daran, dass
Gott das von ihnen verlangt oder sie so die „Welt retten"
könnten.[20] Aber auch in neu entstehenden katholischen
„NGOs" und Bewegungen werden Menschen auf diese Wei-
se manipuliert und dazu gebracht, sich ausbeuten zu lassen.[21]
Es fällt schwer, das nicht als geschickt kaschierte Sklaven-
arbeit in der katholischen Kirche zu betrachten.

111

4.2.4 Manipulation durch Abwertung

In der Manipulation spielen Gefühle und Wertungen eine wichtige Rolle. So wie man jemanden durch inszeniertes Glück manipulieren kann, kann man das auch durch mehr oder weniger subtile Abwertungen tun. Wenn vom eigenen geistlichen Begleiter oder im eigenen Umfeld bestimmte spirituelle Ressourcen oder Lebensentwürfe, Fragen und Bedürfnisse kontinuierlich abgewertet werden, wird es sehr schwer oder gar unmöglich, eben diese Ressourcen zu nutzen oder auch nur sich einzugestehen, dass man sie gerne nutzen würde.

Kathrin war Novizin und musste in ihrer Gemeinschaft wöchentlich ausführliche Gespräche mit ihrer Novizenmeisterin führen, die zugleich die Hausoberin und ihre geistliche Begleiterin war. Die Oberin war nie mit Kathrin zufrieden. Vor ihrem Eintritt hatte Kathrin als Stationsleitung im Krankenhaus gearbeitet. In der Gemeinschaft arbeitete sie nun Vollzeit in der Küche. Die Oberin spürte, dass Kathrin nicht wirklich zufrieden mit der Situation war, obwohl Kathrin immer wieder beteuerte, wie gern sie in der Küche arbeitete. Sie wollte ja den Erwartungen ihrer Oberin entsprechen. Dennoch war die Oberin immer wieder „enttäuscht" von ihr. Sie sagte ihr, dass andere Mitschwestern viel „größere Fortschritte" machen würden und dass sie sich eine größere „Demut" von ihr erwartet hätte.

Es ist typisch für manipulative geistliche Begleitung, dass die begleitete Person in den Begleitungsgesprächen ausgehorcht und durch implizite und explizite Abwertung mehr oder weniger subtil unter Druck gesetzt wird. Dass Kathrin überhaupt Auskunft darüber geben muss, wie gerne sie in der Küche arbeitet, und dass im Hintergrund dieser Frage unausgesprochen, aber deutlich die Erwartung steht, dass sie mit dieser Arbeit zufrieden zu sein hat, ist an sich schon eine eindeutige Grenzverletzung. Vor allem aber ist die Abwertung ihrer Wünsche, Bedürfnisse oder Erfolge verletzend, gefährlich und typisch für manipulative Begleitung. Kathrin wird subtil klargemacht, dass ihr beruflicher Erfolg vor dem Eintritt nicht nur nicht geschätzt wird, sondern im Gegenteil als Gefahr betrachtet wird. Indem ihr verunmöglicht wird, auf ihre eigene Leistung stolz zu sein, wird nebenbei auch ihr Selbstwert empfindlich geschwächt. Dadurch wird sie wiederum manipulierbarer und angreifbarer und hat weniger Möglichkeiten, sich zu wehren.

Eine andere Variante der Manipulation wäre es, wenn die Gemeinschaft Kathrins beruflichen Erfolg aus der Zeit vor dem Eintritt für sich reklamiert und die Oberen die Deutungshoheit darüber an sich reißen. Stellen wir uns einen jungen Mann vor, der vor dem Eintritt ins Priesterseminar Schreinermeister war. Wenn dieser biographische Hintergrund des Seminaristen vom Regens bei jeder Gelegenheit und vor jedem Gast erwähnt und betont wird, dann wäre das ebenso wie in Kathrins Geschichte als ein übergriffiges und tendenziell manipulatives Verhalten zu werten, denn die Geschichte dieses jungen Mannes würde hier gleichsam von seinem Umfeld, von seinen Oberen geschrieben und erzählt, nicht mehr von ihm selbst. Dem Seminaristen wäre die Hoheit über seine Biographie und ihre Deutung aus der Hand genommen worden von einer Person, die deutlich macht, dass sie nun über diese Biographie verfügen und sie für Dritte preisgeben und deuten kann. Dasselbe gilt übrigens für die in Seminaren, Instituten des geweihten Lebens, Bewegungen und selbst Familien nicht ungewöhnliche Praxis, dass das Oberhaupt der jeweiligen Gruppe den Gästen die einzelnen Mitglieder „präsentiert" und ihnen dabei aufträgt, bestimmte Anekdoten aus dem eigenen Leben zu erzählen. Wo immer Menschen die Freiheit genommen wird, sich selbst so zu zeigen, wie sie möchten, und über sich zu erzählen, was sie möchten, und wo immer stattdessen ein Vorgesetzter für sich in Anspruch nimmt, seine „Untergebenen" vorzuführen, ist das nicht nur ein übergriffiges, sondern immer auch ein manipulatives Verhalten, sofern Menschen dabei die Deutung und Bedeutung ihrer eigenen Biographien und Erfahrungen aus der Hand genommen wird und sie dazu gebracht werden, sich die Geschichte zu eigen zu machen, die ein Oberer über sie erzählt. Auch wenn Einzelne das selbst nicht als anstößig empfinden sollten, verletzt es dennoch ihre spirituelle Selbstbestimmung und sollte daher von Oberen möglichst vermieden werden.

Ein weiteres typisches Element spiritueller Manipulation besteht darin, Menschen im Blick auf ihr „spirituelles Fortkommen" miteinander zu vergleichen. Der Vergleich mit anderen, die angeblich demütiger und im geistlichen Leben fortgeschrittener wären, setzt eine begleitete Person stark unter Druck, sich den Anforderungen des Begleiters zu fügen. Dabei ist es natürlich schon manipulativ, überhaupt vom „Fortkommen im geistlichen Leben" zu sprechen, als ginge es um eine Leistung oder einen Wettbewerb und nicht einfach darum, wie Menschen ihr Leben spirituell gestalten und ihre spirituellen Bedürfnisse auf eine gute und befriedigende Weise stillen können.

Die junge Schwester Anna und ihre Mitschwestern hörten von einer Ordensfrau einer anderen Gemeinschaft, die vor ihrem Eintritt Balletttänzerin gewesen war und die Tanzkunst auch als Schwester nicht ganz aufgegeben hatte. Ab und an tanzte sie in der Klosterkirche beim Stundengebet. Anna fand die Vorstellung, betend zu tanzen, inspirierend und hätte das gerne einmal gesehen. Aber ihre Oberin und ihre Mitschwestern verzogen sofort die Gesichter. Sie brauchtes ihre Ansicht gar nicht laut auszusprechen. Es war offensichtlich, dass sie Tanz weder für vereinbar mit Gebet noch für vereinbar mit dem Ordensleben hielten. Anna wusste, dass sie dieses Tanzen nicht nur nicht gut finden durfte, sondern dass auch jeder Versuch ihrerseits, sich mit liturgischem Tanz zu befassen, als anstößig gegolten hätte.

Wenn ein leitender Verantwortlicher oder eine geistliche Begleiterin bestimmte spirituelle Ressourcen wertet, untergräbt er oder sie damit die Freiheit der begleiteten Person. Wenn sie nämlich weiß, dass sie sich mit der Wahl einer bestimmten spirituellen Ressource gegen ihre Oberin oder ihren Begleiter stellt und sich vor ihnen rechtfertigen muss, kann sie nicht wirklich frei entscheiden, ob sie diese Ressource für sich nutzen will oder nicht. Dabei kommt es gar nicht so selten vor, dass Begleiter spirituelle Ressourcen werten. Das kann aus ideologischer Prägung heraus geschehen – wie im obigen Beispiel. Es kann aber auch unbeabsichtigt geschehen, wenn ein geistlicher Begleiter, ein Pfarrer oder eine Oberin nicht gut auf die eigenen Äußerungen Acht gibt.

Nicht nur die Wertung von spirituellen Ressourcen, sondern auch die Wertung von Lebensentscheidungen ist spirituelle Manipulation:

> Paula bekam in der Vorbereitungszeit auf die Profess endlich die Konstitutionen ihrer Gemeinschaft in die Hand. Sie hatte seit ihrem Eintritt vor drei Jahren darauf gewartet und sich in Geduld geübt. Es wurde ihr gesagt, das Lesen dieses Textes wäre eine „besondere Gnade" und sie solle nicht neugierig sein. Auch solle sie den Text nicht analysierend lesen, sondern betend und dankbar. Sie las Kapitel für Kapitel. Ganz am Ende fand sich ein Kapitel, das mit „Verlassen und Entlassen" überschrieben war. Es begann mit Absätzen, die die Mitglieder vor Untreue warnen und in denen unter anderem auf die Verleugnung Jesu durch Petrus und auf den Verrat Jesu durch Judas hingewiesen wurde.

Alle drei manipulativen Elemente aus diesem Beispiel sind typisch und dürften Menschen, die Missbrauchsfälle kennen, vertraut sein: Das Opfer wird hingehalten. Obwohl es einen rechtlichen und moralischen Anspruch hat – auf eine Information, eine Entscheidung seiner Oberen, einen Text, eine Ausbildung, was auch immer –, wird dieser Anspruch nicht eingelöst, und zwar unter Verweis auf eine von den Oberen festgelegte spirituelle Norm. Im obigen Beispiel wird das, was eigentlich ein Recht Paulas ist, nämlich die Konstitutionen ihrer Gemeinschaft zu kennen, zur „Gnade" erklärt. Ihr berechtigter Wunsch, den Text zu lesen, wird als „Neugier" abgewertet.

Zweitens ist auch die Inszenierung des Textes als sakral und „betend zu lesen" typisch. Damit wird Paulas innere Freiheit gegenüber dem Text untergraben. Je „heiliger" der Text, desto weniger kann sie ihn in Frage stellen. Auf ähnliche Weise werden in manipulativen Gruppen geistliche Autoritäten oder deren Worte inszeniert, unter anderem durch die Ehrfurchtsbeteuerungen ihrer Gefolgschaft, durch die Choreographie, die um sie herum betrieben wird, und durch den streng reglementierten Zugang zu ihnen.

Auch das dritte Element ist typisch: Durch die in den Konstitutionen gewählten Metaphern wird Paula suggeriert, dass ein Austritt aus der Gemeinschaft mit einem Verrat oder mit einer Verleugnung Jesu gleichzusetzen sei – dabei ist der Austritt aus einem Institut des geweihten Lebens eine vom Ordensrecht vorgesehene Option, die vollkommen legitim sein kann und in den Konstitutionen dementsprechend dargestellt werden müsste. Nur weiß Paula das nicht – und selbst wenn sie es wüsste, würde die geistliche Autorität ihrer Oberen im Zweifelsfall womöglich schwerer wiegen als eine abstrakte rechtliche Regelung, von der sie kaum wüsste, wie diese im Zweifelsfall einzufordern wäre.

In allen spirituell totalitären Gemeinschaften ist es üblich, dass geistliche Führer und Führerinnen Bilder, Worte oder Rituale wählen, mit denen sie Andersdenkende und Kritiker abwerten und mögliche Kritik aus der eigenen Gefolgschaft im Keim ersticken, anstatt sich mit begründeten und legitimen Anfragen offen und ehrlich auseinanderzusetzen. Insofern dadurch die Freiheit einzelner Menschen untergraben wird, die in einem solchen System leben, ist das spirituelle Manipulation, die im Einzelfall geradezu menschenverachtende Züge annehmen kann, wie das folgende Beispiel zeigt:

> In Annas Gemeinschaft waren vor Kurzem zwei Schwestern ausgetreten. Bald nachdem sie das Haus verlassen hatten, wurden alle Fotos der ehemaligen Schwestern zusammengesucht und auf dem Dachboden verbrannt. Anna musste auch die Fotos der ehemaligen Mitschwestern hergeben, die in ihrem eigenen Professfotoalbum eingeklebt waren, um sie vernichten zu lassen. Anna kannte das Ritual. Sie hatte direkt nach dem Eintritt auch ihre Tagebücher verbrennen lassen müssen, die teils wertvolle und unwiederbringliche Kindheitserinnerungen enthielten.

Hier wird geradezu eine *damnatio memoriae* betrieben. Auch die ist – in der einen oder anderen Form – für bestimmte katholische Gruppen typisch (selbst das Verbrennen von Fotos Ausgetretener scheint in mehreren katholischen Gemeinschaften üblich zu sein). Vor allem ist es sehr charakteristisch für spirituell totalitäre Gruppen, dass es als Verrat gedeutet wird, wenn jemand die Gruppe verlässt. Was hier geschieht, zeigt nicht nur die Verachtung für die „Abtrünnigen", sondern wirkt zugleich manipulativ auf die „Getreuen": Indem das Gedenken der Ausgetretenen systematisch, wenn nicht gar rituell vernichtet wird, wird den in der Gruppe Verbliebenen nämlich ganz deutlich vor Augen gestellt, was ihnen droht, sollten sie die Gruppe verlassen.

4.2.5 Manipulation durch Gebete

Wer andere spirituell manipuliert, verwendet dazu oft Gebete, die bestimmte Bilder und Vorstellungen enthalten. Indem diese Bilder in Gebetstexten platziert werden, können sie besonders effektiv im Unterbewusstsein der Zuhörer verankert werden. Manchmal wird in Gottesdiensten zudem durch eine bestimmte Musik, Beleuchtung und Choreographie aus Liedern, Zeugnissen und emotionalen Predigten eine Atmosphäre erzeugt, der sich die Beteiligten kaum entziehen können und in der sich eine ganz bestimmte Spiritualität sehr stark verdichtet. Besonders deutlich tritt die Manipulation allerdings dann zutage, wenn Menschen vorformulierte Gebete buchstäblich in den Mund gelegt werden, die Aussagen enthalten, die diese Menschen ansonsten nicht treffen wollten.

> *In Stefans Gemeinschaft wurde wöchentlich die Litanei der Demut gebetet. Nach der Mittagshore am Freitag sprachen alle Mitglieder der Gemeinschaft dieses Gebet. Sie knieten dabei in der Kapelle und sprachen den Text laut. So gut wie alle kannten den Text auswendig. In diesem Gebet heißt es unter anderem: Vom Verlangen, geliebt zu werden, erlöse mich, o Jesus! Vom Verlangen, anerkannt zu werden, erlöse mich, o Jesus! Und: Von der Furcht, gedemütigt zu werden, erlöse mich, o Jesus! Von der Furcht, vergessen zu werden, erlöse mich, o Jesus! Von der Furcht, beleidigt zu werden, erlöse mich, o Jesus!*

Dieses Gebet suggeriert, der Wunsch, geliebt zu werden, oder die Furcht, vergessen zu werden, wären etwas, wovon man erlöst werden müsste. Das heißt, die urmenschlichen Bedürfnisse, geliebt und wahrgenommen zu werden, werden zu sündhaften Neigungen erklärt. Indem Menschen dazu gebracht werden, Gebete wie dieses in der Ich-Form zu sprechen, verinnerlichen sie diese Deutung wesentlich effektiver, als wenn sie ihnen in einem Vortrag oder einer Predigt begegnen würde. Hätte jemand Stefan kurz vor seinem Eintritt gefragt: Willst du anerkannt und geliebt werden?, hätte er wohl mit Ja geantwortet. Jeder gesunde Mensch will das. Hätte man ihm direkt nach seinem Eintritt einen Vortrag gehalten, in dem behauptet worden wäre, wer geliebt werden will, begehe damit eine Sünde, dann hätte Stefan das vermutlich zurückgewiesen oder es zumindest nicht glauben wollen. Aber nach vielen Jahren in dieser Gemeinschaft, nach Jahren, in

Hier ist das Einwirken des Bösen deutlich erkennbar!!

denen Stefan Woche für Woche dieses Gebet gesprochen hat, hätte er auf die Frage: Willst du geliebt und anerkannt werden? wohl nicht mehr so einfach mit Ja geantwortet. Denn er hatte verinnerlicht, dass geliebt werden wollen irgendwie schlecht ist und dass er es nicht wollen durfte. Womöglich hätte er nach vielen Jahren in dieser Gemeinschaft sogar das Gefühl gehabt, im „geistlichen Leben" endlich so „weit" zu sein, dass er gar nicht mehr geliebt werden wollte – womit er natürlich nur ein lebensnotwendiges menschliches Bedürfnis unterdrückt gehabt hätte. Das heißt, er würde in einem Zustand leben, der sich früher oder später ganz sicher negativ auf seine psychische Gesundheit auswirken müsste.

Spirituelle Manipulation durch Gebete ist besonders dann gefährlich, wenn sie in Schlüsselmomenten geschieht, in denen Menschen spirituelle Entscheidungen fällen, beispielsweise dann, wenn sie neue Lebensabschnitte beginnen, für die sie selbst noch keine eigene tragende Spiritualität haben.

Melanie hatte eben erst Abitur gemacht und war kaum zwanzig, als sie in ihre Gemeinschaft eintrat. Bei ihrem Eintritt gab es eine kleine Andacht. Sowohl für die junge Frau als auch für ihre Eltern war ein Gebet vorbereitet worden. Sie las ihres mit leiser, aber fester Stimme und gesenktem Kopf vom Blatt ab: Ich danke dir für meine Eltern und für die wunderbare Kindheit, die ich bei ihnen erleben durfte ... Ich danke dir für meine Berufung zum Ordensleben und meine neue geistliche Familie, in die du mich gerufen hast ... Hilf mir, meiner Berufung allzeit treu zu bleiben und dem Beispiel der Gründerin mit ganzem Herzen nachzueifern ... Als ihre Eltern an der Reihe waren, brach ihrer Mutter beim Lesen immer wieder die Stimme. Im Gebet für die Eltern hieß es unter anderem: Wir danken dir für unsere Tochter Melanie und alle schönen Momente, die wir mit ihr erleben durften. Nun schenken wir dir unsere Tochter zurück, im Vertrauen, dass du sie auf dem Weg ihrer Berufung in ihrer neuen geistlichen Familie immer näher zu dir führen wirst.

Indem sowohl Melanie als auch ihre Eltern dazu gebracht werden, in der Ich-Form einen Text zu sprechen, der ihre Situation auf eine bestimmte Weise deutet, werden sie alle drei manipuliert. Es erscheint, als hätte Melanie eine definitive Berufung – dabei befindet sie sich mit dem Eintritt erst am Beginn einer Prüfungsphase. Es scheint so, als wäre der Eintritt der gottgewollte Abschied von Eltern und Tochter – dabei gibt es keinen Grund, aus dem Melanie und ihre Eltern nicht in engem Kontakt miteinander bleiben könnten. Es wird suggeriert, die Gemeinschaft wäre eine Ersatzfamilie für Melanie – dabei ist sie ja auch als Ordensfrau nach wie vor die Tochter ihrer Eltern und hat in ihnen und ihren Geschwistern eine leibliche Familie, während eine Ordensgemeinschaft allenfalls im übertragenen Sinn eine Art Familie ist. Nicht zuletzt wird auch suggeriert, sie hätte eine wunderbare Kindheit gehabt, obwohl alleine Melanie beurteilen kann, inwiefern das tatsächlich stimmt.

Wann immer Menschen Gebete sprechen, in denen ihre eigene Lebenssituation auf eine bestimmte Weise gedeutet wird, sollten sie diese Gebete entweder selbst formulieren dürfen oder zumindest vorab überprüfen dürfen, ob sie dem Text innerlich voll zustimmen können. Das ist ein Grund, aus dem liturgische Texte, bei denen eine solche Vorabüberprüfung durch alle Ritualteilnehmer kaum möglich ist, so formuliert sein sollten, dass sie eine große Bandbreite an Deutungen zulassen und niemanden auf manipulative Weise vereinnahmen. Leider ist der Hang zum manipulativen und übergriffigen Beten – beispielsweise bei Kreuzwegmeditationen, Kyrierufen und Fürbitten – auch in ansonsten relativ offenen Gemeinden und Gottesdiensten verhältnismäßig oft anzutreffen.

4.2.6 Manipulation durch Abhängigkeit

Ein weiterer nicht zu vernachlässigender Aspekt spiritueller Manipulation sind Machtgefälle und äußere Abhängigkeiten. Wenn, wie wir weiter oben gesehen haben, alleine schon der Umstand, dass der geistliche Begleiter dem Begleiteten überlegen ist – beispielsweise weil er oder sie von vielen Menschen bewundert wird, einen höheren Status hat, ein Leitungsamt in der Diözese oder dem Institut innehat, über mehr Wissen verfügt oder sozial kompetenter ist –, den Begleiteten manipulierbar machen kann, um wie viel mehr ist das dann der Fall, wenn der Begleiter direkt oder indirekt über den Begleiteten bestimmen kann, beispielsweise weil er nicht nur die geistliche Begleitung, sondern auch die äußere Leitung des Instituts innehat, dem der Begleitete angehört, oder weil er über die finanziellen Mittel, die Aufgabengebiete oder den Aufenthaltsort des Begleiteten bestimmen kann?

Paula war erst vor Kurzem in die Gemeinschaft eingetreten. Sie hatte wenig Ahnung von den rechtlichen Dimensionen des Ordenslebens, aber vollstes Vertrauen in ihre Gemeinschaft. Sie würde schon alles erfahren und in jeder Hinsicht gut versorgt und begleitet werden. Immerhin war ihre Gemeinschaft päpstlichen Rechts und wurde von vielen Kardinälen und Bischöfen sehr geschätzt. Bei einem der ersten Gespräche kam die Novizenmeisterin auf das Bußsakrament zu sprechen. Sie sagte: Wir beichten einmal monatlich. Wäre es für dich in Ordnung, wenn du bei P. xy beichten gehst? Paula stimmte zu. Sie kannte weder P. xy noch sonst einen Pater der Gemeinschaft noch wusste sie, dass sie auch als Ordensfrau völlig frei war zu beichten, wann, wie oft und bei welchem Priester auch immer sie wollte. Erst später wurde ihr klar, dass P. xy der leibliche Bruder ihrer Novizenmeisterin war. Noch später erfuhr sie von einem Priester, der lange mit der Gemeinschaft befreundet war und dort Beichte gehört hatte, dass er vor der Beichte einer Novizin von der zuständigen Novizenmeisterin instruiert worden war, was die betreffende Schwester beichten würde und was er ihr im Zuspruch sagen sollte.

Zunächst muss hier gesagt werden, dass es schon ein gravierender Fall von Manipulation ist, wenn eine Novizenmeisterin ganz selbstverständlich zugleich die Oberin und geistliche Begleiterin ihrer Mitschwester ist und wenn es in der Gemeinschaft als geradezu undenkbar erscheint, dass das anders sein könnte – obwohl es nach Kirchenrecht anders sein müsste. Außerdem ist es natürlich auch manipulativ, wenn ein Oberer oder eine geistliche Begleiterin so tut, als wäre es das Normalste auf der Welt, dass er oder sie einer Person vorschreibt, wie oft und bei wem sie beichten gehen soll, wie oft und bei wem sie geistliche Begleitung empfangen soll, wie oft und welche spirituellen Ressourcen sie nutzen soll oder wie oft und wie sie beten soll. Diese simulierte Selbstverständlichkeit gerade in Bezug auf das Vorschreiben von Beichtvätern, Beichthäufigkeit und geistlicher Begleitung ist eine in neuen geistlichen Gemeinschaften weit verbreitete Manipulationsstrategie, die nicht nur in sich schon eine gravierende Verletzung der spirituellen Selbstbestimmung darstellt, sondern die darüber hinaus auch ein sehr effektives Mittel zur weiteren Schwächung spiritueller Selbstbestimmung ist. Denn wenn Oberer, Novizenmeister, geistlicher Begleiter und Beichtvater ein und dieselbe Person sind oder wenn sie am selben Strang ziehen, um den Novizen unter ihre Kontrolle zu bringen, dann hat der Novize kaum eine Chance, ihnen gegenüber spirituell frei zu bleiben. Sie können seinen Zugang zu alternativen spirituellen Ressourcen oder alternativen Begleitern leicht einschränken und ihn mehr oder weniger subtil unter Druck setzen – anders als ein frei gewählter geistlicher Begleiter oder Beichtvater das könnte, wenn der Novize zugleich einen vielleicht ganz anders eingestellten Oberen und einen wiederum anders geprägten Novizenmeister hat, die sich untereinander – wie es das Kirchenrecht von ihnen verlangt – bewusst *nicht* über die Spiritualität des Novizen austauschen.

Nicht zuletzt ist gerade auch die *Frage* im obigen Bei-spiel ein Akt der Manipulation: *Wäre es für dich in Ord-nung, wenn du bei P. xy beichten gehst?* Denn diese Frage suggeriert zwar einerseits Freiwilligkeit, insofern Paula scheinbar offensteht, wie sie auf diese Frage antworten möchte. Wenn sie aktiv Ja sagt, meint sie vielleicht sogar selbst, die Entscheidung, bei P. xy beichten zu gehen, frei ge-troffen zu haben. Andererseits handelt es sich bloß um eine *Illusion* von Freiwilligkeit, denn angesichts der Umstände und des bestehenden Machtgefälles zwischen der Novizen-meisterin und Paula, angesichts der Tatsache, dass sie über die Gelübdezulassung, das Taschengeld und die täglichen Aufgaben von Paula entscheidet und dass Paula potentielle Beichtväter in der für sie neuen Umgebung noch gar nicht kennt, konnte die Oberin sehr sicher sein, dass Paula nicht Nein sagen wird.

Manipulation ist es schließlich auch, wenn Umstände ver-schwiegen werden, die einen Einfluss auf die Entscheidung der begleiteten Person haben könnten, seien das bestehende ver-wandtschaftliche oder freundschaftliche Beziehungen, wie im obigen Beispiel, oder missbräuchliche Praktiken, wie die in Paulas Gemeinschaft übliche Praxis des Austausches zwischen Novizenmeisterin und Beichtvater. Das gilt auch für den Fall, dass es sich bei den verschwiegenen Umständen um Rechte Untergebener handelt, die mit Absicht verschwiegen werden, um sie leichter verletzen zu können:

> *Anna war schon jahrelang Schwester in ihrer Gemeinschaft, wurde aber im-mer noch nicht zur Profess zugelassen und wusste nicht, ob und wann sie überhaupt jemals zugelassen werden würde. Ihre Oberin, die zugleich ihre geistliche Begleiterin war, signalisierte ihr immer wieder, dass sie womöglich nicht würdig genug wäre, um zu den Gelübden zugelassen zu werden.*

Dass Menschen in Instituten des geweihten Lebens nicht nur ihre Rechte, sondern auch Informationen über ihre Rechte vorenthalten werden, kommt öfter vor, als man meinen möchte. Dass das möglich ist, liegt wohl zum einen am bestehenden Machtgefälle zwischen Oberen und Mitgliedern, zum anderen daran, dass es kaum wirksame Kontrollinstanzen gibt, die von außen einen Blick auf die Machtkultur in Instituten haben. Das Hinauszögern der Profess oder des Noviziatsbeginns oder der Gelübdeerneuerung ist typisch dafür. Diese Praxis ist ordensrechtlich nicht zulässig, weil es bezüglich dieser Schritte und Zugehörigkeitsgrade, mit denen auch Rechte und Pflichten des einzelnen Mitgliedes wie der Gemeinschaft gegenüber diesem Mitglied verbunden sind, Rechtssicherheit geben muss. Schon gar nicht darf ein solches Hinauszögern aufgrund einer nicht näher definierten „Unwürdigkeit" erfolgen. Obere dürfen die Eignung eines Kandidaten für die Profess nicht einfach von ihrem subjektiven Empfinden abhängig machen, sondern die Voraussetzungen für eine Zulassung zur Profess müssen transparent sein, ansonsten entsteht ein Willkürregime. Schließlich besitzt im obigen Beispiel – auch das leider typisch für bestimmte Gemeinschaften – die Oberin in ihrer Funktion als geistliche Begleiterin Kenntnisse aus dem Innenleben Annas, die sie als Oberin gar nicht für eine Einschätzung Annas als Kandidatin für die Profess nutzen darf.

Analog lässt sich das auch auf die Zulassung zu den Sakramenten, zum Firmunterricht, zu Gottesdiensten und Ämtern in einer Pfarrei oder einem Bistum anwenden: Wer wann wie und warum Zugang zu einem Sakrament, einer Veranstaltung oder einem Amt erhält, muss transparent sein. Es darf nicht von der mehr oder weniger willkürlichen Einschätzung einer Person oder Gruppe abhängen. Es darf auch nicht geschehen, dass es von der „spirituellen Eignung" des Betroffenen abhängig gemacht wird, sondern es müssen immer möglichst objektive, transparente und rechtlich klar festgelegte Kriterien als Grundlage solcher Entscheidungen dienen. Auch in Fällen, in denen die Rechtsgrundlage oder die nötigen Fakten uneindeutig sind, kann und darf eine subjektive Einschätzung kein Ersatz für die mangelnde objektive Klarheit sein, sondern dann müssen die Rechtsgrundlage oder die Faktenlage geklärt oder eine unabhängige Einschätzung der Faktenlage herangezogen werden.

Nicht zuletzt muss es ansprechbare und verantwortungsbewusste übergeordnete Instanzen geben, die im Fall des Falles das Willkürregime eines einzelnen kirchlichen Vorgesetzten auf niederer Ebene wirksam beenden können. Wo das nicht der Fall ist – insbesondere innerhalb internationaler, päpstlich anerkannter neuer geistlicher Gemeinschaften –, wo Menschen von der Willkür ihrer Oberen abhängen, kann das tragische Folgen haben:

Paula hatte in ihrer Gemeinschaft inzwischen schreckliche Erfahrungen machen müssen. Sie hatte seit Jahren keinen Kontakt zur Außenwelt mehr. Sie hatte auch den Kontakt zu sich selbst verloren und wurde nach und nach depressiver. Zu allem Übel hatte ein Priester ihre hilflose Lage ausgenutzt, um sie sexuell zu missbrauchen. Paula konnte mit niemandem darüber sprechen, denn der Priester war in der Gemeinschaft sehr angesehen. Sie hatte sich endgültig eingestanden, dass sie am Ende war und dass sie ein Leben in der Gemeinschaft nicht länger aushalten würde. Trotz allem konnte sie nicht daran denken, die Gemeinschaft zu verlassen, denn sie wusste nicht, wohin sie gehen sollte. Sie hatte ja zu niemandem außerhalb der Gemeinschaft mehr Kontakt, der sie hätte aufnehmen können. Außerdem war sie eine fast dreißigjährige völlig gebrochene Frau, die im Orden keine Berufsausbildung erhalten hatte und keine Ahnung hatte, woher sie Geld oder sonst eine Form von Unterstützung von staatlicher Seite oder durch Vereine oder Stiftungen hätte erhalten können. Sie lebte in dem Gefühl, dass ihr nur ein Ausweg blieb – und der tröstete sie: Sie konnte sich jederzeit das Leben nehmen.

Dass Ordensleute von ihren Gemeinschaften abhängig sind und sie daher auch dann nicht verlassen können, wenn sie das eigentlich wollen, kommt häufiger vor, als man meinen möchte. Dabei ist diese Abhängigkeit nicht selten von den Verantwortlichen der betreffenden Institute herbeigeführt worden, denn sie gründet beispielsweise in der mangelnden Ausbildung. Es kommt vor, dass insbesondere Frauen keine qualifizierenden Abschlüsse oder Berufsausbildungen erhalten, sondern mancherorts nur innerhalb des Konventes zum Gemüseputzen oder Paramente Sticken eingesetzt werden. Die Abhängigkeit gründet auch in der sozialen Isolation, die zustande kommt, wenn Ordensleute nach dem Eintritt zu niemandem außerhalb des Konventes noch eine tiefergehende Beziehung haben dürfen. Sie gründet bisweilen auch in einer schlechten gesundheitlichen Versorgung. Insbesondere psychische Erkrankungen scheinen innerhalb der Gemeinschaften bisweilen ein Tabu zu sein, mit der schrecklichen Folge, dass Menschen über Jahre oder Jahrzehnte mit unbehandelten psychischen Erkrankungen leben, die es ihnen verunmöglichen, sich selbst aus ihrer misslichen Lage zu befreien und das Institut zu verlassen. Nicht zuletzt gründet die Abhängigkeit in der Weltferne von Personen, die direkt vom Elternhaus ins Kloster gegangen sind und finanziell, versicherungstechnisch, bürokratisch und rechtlich über Jahrzehnte hinweg wie Kinder versorgt worden sind. So kommt es, dass sie auch bei dem Schritt aus dem Institut auf die Hilfe ihrer Oberen angewiesen sind – und dass sie, wenn diese Hilfe ausbleibt, mitunter gezwungen sind, in einer für sie unerträglichen Lage zu bleiben. Wenn sie außerdem spirituell vernachlässigt sind, verfügen sie auch über keine spirituellen Ressourcen, die ihnen helfen würden, ihren Wunsch nach einem anderen Leben anders zu deuten als vielleicht als Untreue, Schuld oder Sünde, sodass ihnen auch von daher ein

Austritt unmöglich bleibt, selbst wenn sie diesen eigentlich wünschen und vielleicht dringend bräuchten.

4.2.7 Die Folgen spiritueller Manipulation

Menschen, die über längere Zeit spirituell manipuliert worden sind, verlieren den Kontakt zu sich selbst. Sie haben eine Vielzahl von inneren Verboten aufgebaut und „gelernt", ihren eigenen Wahrnehmungen und Gefühlen zu misstrauen, ihre Bedürfnisse und Wünsche zu unterdrücken und *die Welt mit den Augen des Manipulators zu sehen.* Sie haben aufgehört, selbst zu denken und zu fühlen oder irgendwelche inneren Regungen zu spüren, die nicht mit dem übereinstimmen, was vom Manipulator gutgeheißen wird. Ihrem früheren Umfeld sind sie fremd geworden. Eltern, Geschwister und Freunde erkennen sie kaum wieder. Auch sich selbst sind sie fremd geworden, nur dass sie das für eine gute Sache halten, weil ihr manipulatives Umfeld es für eine gute Sache hält und sie sich diesem vollkommen angepasst haben. Sie glauben, das alles selbst zu wollen und damit glücklich zu sein, auch wenn es ihnen damit tatsächlich nicht gut geht und sie innerlich nicht frei sind.

Menschen, die derart manipuliert worden sind, müssen ab einem bestimmten Zeitpunkt gar nicht mehr aktiv unter Druck gesetzt werden, um sich im Sinne des Manipulators zu verhalten. Sie sind und bleiben unter seinem Einfluss, und das oft auch dann noch, wenn sie sich nicht mehr in seinem Einflussbereich befinden und sich eigentlich von ihm lösen wollen.

In Paulas Gemeinschaft war der Altarraum während der Messe stets Männern vorbehalten worden. Er war ein heiliger Raum. Die Schwestern betraten ihn niemals. Sie waren weder Ministrantinnen noch lasen sie Lesungen oder

127

Fürbitten vom Ambo aus. Frauen im Altarraum galten als anstößig. Es war, als würde ihre Anwesenheit dort den heiligen Raum beschmutzen. Paula hatte in der Gemeinschaft viele Jahre mit dieser Regel gelebt. Nach ihrem Austritt war sie erleichtert, Frauen im Altarraum nicht länger für anstößig halten zu müssen. Sie selbst wagte es dennoch nicht, den Altarraum zu betreten. Als sie Jahre nach ihrem Austritt einmal spontan gebeten wurde, in der Sonntagsmesse die Lesung vorzutragen, sagte sie zunächst zu. Was war schon dabei? Aber schon während der Messe wühlten Schuldgefühle und Skrupel ihr Inneres auf und ihr wurde schlecht. Als sie an den Ambo trat, hatte sie Schweißperlen auf der Stirn, ihre Stimme zitterte. Sie schaffte es gerade so, die Lesung zu lesen. – Dabei wusste sie die ganze Zeit, dass nichts Verkehrtes daran war. Immer – auch nach Jahren – fühlte sie sich unwohl, wenn sie einmal den Altarraum betrat.

Die Folgen können so weit reichen, dass jemand nicht nur die eigene Perspektive, sondern auch die eigenen Rechte und Bedürfnisse dauerhaft aufgibt, um stattdessen die Perspektive der Gemeinschaft anzunehmen und in ihrer Logik zu denken, egal ob dabei die eigenen Rechte verletzt werden:

Michelle war als junges Mädchen in die Gemeinschaft eingetreten. Sie war schon viele Jahre dabei und hatte Gelübde abgelegt, als ihr mitgeteilt wurde, dass sie doch nicht „würdig" genug sei, um dem inneren Kreis der Gemeinschaft anzugehören. Sie wurde also in den „äußeren Kreis" verschoben, durfte nicht mehr mit den anderen in den Niederlassungen der Gemeinschaft leben, sondern führte ein Singleleben in einer kleinen Einzimmerwohnung, die sie von ihrem eigenen Verdienst bezahlen musste. Ihr Aufenthalts- und Arbeitsort wurde dennoch von den Oberen bestimmt, außerdem musste sie einen erheblichen Teil ihres Verdienstes an die Gemeinschaft abtreten. Die Gemeinschaft tat umgekehrt nichts weiter für Michelle, als dass sie einmal im Monat zum Bügeln, Beten und gemeinsamen Abendessen in eine Niederlassung kommen durfte. So hatte Michelle jahrzehntelang gelebt, als ihr aus heiterem Himmel mitgeteilt wurde, dass sie nun auch nicht mehr länger im „äußeren Kreis" bleiben durfte, sondern wieder in ihre Heimat und zu ihren Eltern zurückkehren sollte. Michelle war zu diesem Zeitpunkt weit über fünfzig, ihre Eltern waren längst pflegebedürftig. Ohne die aktive Unterstützung durch eine andere ehemalige Mitschwester, die die Gemeinschaft schon Jahre zuvor verlassen hatte, hätte sie es nicht geschafft, eine eigene Wohnung und einen Arbeitsplatz zu finden. Dennoch kann Michelle sich nicht wehren, mehr noch: Sie wagt es nicht, die Rentennachzahlungen zu beantragen, die die Gemeinschaft eigentlich für sie leisten müsste. Das würde sie als „Verrat" an der Gemeinschaft empfinden. Sie möchte den Menschen, denen sie doch „so viel" zu verdanken habe, kein „Geld aus der Tasche ziehen". Dabei weiß Michelle, dass die Gemeinschaft viel Geld besitzt, dass sie selbst über Jahrzehnte ihren Verdienst an diese Gemeinschaft abgegeben hat, dass die Gemeinschaft deswegen per Gesetz zu diesen Nachzahlungen verpflichtet ist und dass sie ohne diese Nachzahlungen eine Rente von wenigen Euro zu erwarten hat, die sie mit staatlicher Hilfe aufstocken muss, um überhaupt das Existenzminimum zu erreichen.

4.3 Spirituelle Gewalt

Wenn eine gesunde Spiritualität wie eine gesunde Beziehung ist, dann ist spirituelle Gewalt wie eine Beziehung mit einem schlagenden oder vergewaltigenden Partner. In gewalttätigen Beziehungen bringt ein Partner den anderen komplett unter seine Kontrolle. Es geht ihm darum, Macht über den anderen auszuüben. Er kontrolliert ihn, isoliert ihn von seinem sozialen Umfeld, überwacht seine Kommunikation, setzt ihm klare Grenzen, macht ihm teils absurde Vorschriften, ist krankhaft eifersüchtig, erträgt keinen Widerspruch, schreibt ihm bis ins Detail vor, was er zu tun und zu lassen hat, und reagiert bei Grenzüberschreitungen mit brutaler Gewalt. Solche Beziehungen „funktionieren", weil – und solange – der unterlegene Partner glaubt, er habe diese Behandlung „verdient", es sei aus welchen Gründen auch immer seine Pflicht, dem anderen „treu" zu bleiben, oder er könne ihn zum Besseren verändern. Dabei gelingt das praktisch nie. Misshandelte Partner, die solche Beziehungen nicht rechtzeitig verlassen, bezahlen das in aller Regel mit dem Verlust ihrer physischen und psychischen Gesundheit und in einigen Fällen sogar mit ihrem Leben.

Ähnlich ist es bei spiritueller Gewalt. Ein Begleiter, der Gewalt dieser Art ausübt, gibt sich nicht damit zufrieden, den Willen des Begleiteten subtil zu beeinflussen, sondern er setzt sich offen und brutal über ihn hinweg. Diese Form der spirituellen Gewalt ist nur möglich, weil das Opfer zuvor schon spirituell vernachlässigt und manipuliert worden ist: In dem Moment, in dem einer Person diese Form der Gewalt begegnet, weiß sie zwar, dass der Begleiter sich über ihren Willen, ihre Rechte und Bedürfnisse hinwegsetzt, sie leidet auch unter dieser Gewalt und spürt, dass ihr Unrecht angetan wird, aber weil sie zuvor glauben gemacht worden ist, der Begleiter hätte immer Recht und ihre eigenen Bedürfnisse wären nichts wert oder gar verdorben und schlecht, kann sie dieser Gewalt nichts entgegensetzen, im Gegenteil: Sie wird versuchen, die Taten zu rechtfertigen und den Täter gegenüber Außenstehenden zu verteidigen.

Mit anderen Worten: Begleiter, die diese Form von Gewalt anwenden, quälen Menschen, die ohnehin schon schwach sind, die kaum mehr Widerstandskraft haben und sich nicht wehren können. Sie brechen das geknickte Rohr und löschen den glimmenden Docht aus (Jes 42,3; Mt 12,20). Manche geben vor – und einige glauben das wohl wirklich –, nur das Beste der Begleiteten im Sinn zu haben, sie über sich selbst hinaus zu führen, sie Gott und einem Gott wohlgefälligen Leben näher zu bringen. Andere leben wohl einfach ihre Dominanzgelüste oder ihre sadistischen Neigungen aus.

Diese Form der spirituellen Gewalt kommt vor allem in weitgehend geschlossenen spirituellen Systemen vor, in denen einige Menschen vom geistlichen Horizont ihrer Oberen abhängig sind. Am häufigsten tritt sie in den Gemeinschaften des geweihten Lebens auf, in denen äußere Leitung und geistliche Begleitung nicht getrennt sind – wie es das Kirchenrecht eigentlich vorsieht –, sondern ein und dieselbe Person das letzte Wort über die Aufgabenverteilung, die Finanzen, die Niederlassungen, den Aufenthalt, die Aufnahme und Gelübdezulassung der einzelnen Mitglieder *und* über das geistliche Leben, die spirituellen Ressourcen und die Deutung bestimmter Ereignisse im Leben der Gemeinschaft hat. Oft ist diese Person eine charismatische Gründerfigur.

4.3.1 Erzwungener Verzicht

Spirituelle Gewalt wird oft dazu verwendet, Menschen zu einem Verzicht zu zwingen, der für diese Menschen nicht nur besonders schmerzhaft ist, sondern obendrein nur schwer als sinnvoll dargestellt werden kann.

> *Paula liebte die Musik und hatte viele Jahre Klavierunterricht genossen, bevor sie in die Gemeinschaft eingetreten war. Nach ihrem Eintritt sah ihre Novizenmeisterin ihre Stücke durch und entfernte einige Notenblätter. Paula durfte diese Stücke nicht mehr spielen, mit der Begründung, dass sie „zu traurig" wären und dass sie nicht dem „gottgeweihten Lebensstil" entsprächen. Paula sollte nur noch fröhliche Stücke spielen.*

Ein Ziel spiritueller Gewalt bildet alles das, was den Opfern einen gewissen inneren Freiraum, einen Rest selbstbestimmter Existenz jenseits der Kontrolle des geistlichen Führers oder seines spirituell totalitären Systems ermöglicht. Dazu gehören offenbar auch Paulas melancholische und leidenschaftliche Klavierstücke. Dazu gehört in vielen Fällen insbesondere der Zugang zu Wissen, das Lesen von Büchern, das Schreiben von Tagebüchern oder auch der künstlerische

Ausdruck, das Verfassen von Gedichten, Tanz, Gesang, das Hören von Musik oder das Ausüben von Sport – kurz: Alles, was einen Menschen innerlich mit sich selbst in Kontakt bringen und frei machen kann, wird von den Führern spirituell totalitärer Systeme angegriffen, vernichtet oder unter ihre Kontrolle gebracht. Da kommt es sicher nicht von ungefähr, dass vor allem spirituelle Gewalt auf Beziehungen abzielt:

> Niko, der seit einigen Jahren Bruder in der Gemeinschaft war und sich mitten im Noviziat befand, hatte von seiner Schwester einen von ihr selbst gestrickten Schal geschenkt bekommen. Da er nur wenig Kontakt zu seiner Familie haben durfte, war dieser Schal für ihn ein besonders kostbares Geschenk. Außerdem gefiel er ihm, weil er bunt war und sich von den einheitlich dunklen Farben der in der Gemeinschaft üblichen Kleidungsstücke absetzte. Niko hatte nicht einmal vor, diesen Schal offen zu tragen, aber er freute sich, ein buntes Stück Erinnerung an seine kleine Schwester bei sich zu haben. Als der Novizenmeister, der zugleich Nikos geistlicher Begleiter und Beichtvater war, von diesem Schal erfuhr, forderte er umgehend, dass Niko diesen Schal abzugeben habe, und zwar mit der Begründung, dass der Schal nicht dem in der Gemeinschaft üblichen Stil entspräche und dass er seine Anhänglichkeit an seine leibliche Familie förderte, von der Niko sich im Noviziat zu lösen habe. Niko übergab seinem Oberen den Schal. Später bereute er es und wollte ihn heimlich wieder an sich bringen. Er suchte im Kleidervorrat des Hauses nach dem Schal, fand ihn aber nicht. Der Schal war wohl im Müll gelandet.

Es wird hier ganz deutlich, dass es dem Oberen nicht um den Schal geht, sondern um Nikos Beziehung zu seiner Schwester. Spirituelle Gewalt richtet sich meistens gegen alles, was einer Person lieb und teuer ist, was ihr persönlich am meisten bedeutet und was der vollkommenen Kontrolle des Missbrauchstäters über diese Person deshalb Grenzen setzt. Nicht selten wird dabei die gezielte Verletzung des Opfers nicht nur in Kauf genommen, sondern ist gewollt:

Stefan hatte seit seiner frühesten Kindheit eine sehr enge Beziehung zu sei-
nem Großvater. Als ihn die Nachricht von seinem Tod erreichte, war er tief
erschüttert und bat seine Oberen darum, an der Beerdigung seines Groß-
vaters teilnehmen und zu diesem Zweck in seine Heimatstadt fahren zu dür-
fen. Dieser Wunsch wurde ihm verweigert mit der Begründung, dass es keine
christliche Beerdigung wäre, denn Stefan kam aus einer Familie, die zum
größten Teil nicht christlich war. Die enge Beziehung zu seinem Großvater
wurde nicht als legitimer Grund angesehen. Seine Oberen nahmen einfach
zur Kenntnis, dass es ihm das Herz brach, nicht bei der Beerdigung dabei
sein zu dürfen.

4.3.2 Gewaltsame Trennungen und erzwungene Isolation

Verzicht auf enge Beziehungen wird von geistlichen Führern
nicht nur indirekt, sondern oft auch ganz direkt gefordert.
Solche erzwungenen Trennungen sind eine der wohl häufigsten und brutalsten Formen spiritueller Gewalt. Indem Menschen gezwungen werden, gegen ihren Willen enge persönliche Beziehungen aufzugeben, sich von ihren Freunden und
Angehörigen loszusagen, sie zu diesem Zweck bisweilen
auch zu verletzen, werden sie sozial isoliert und dadurch
umso anfälliger für weiteren spirituellen Missbrauch. In
manchen Fällen kommt es so weit, dass die einzigen Personen, mit denen Angehörige bestimmter katholischer Gemeinschaften noch persönlichen Kontakt haben dürfen, die
Oberen dieser Gemeinschaft sind. Dann sind sie von ihren
Oberen nicht nur geistlich, sondern auch emotional, finanziell und in jeder anderen Hinsicht abhängig und ihnen damit
weitgehend ausgeliefert.

Einige Zeit nach seinem Eintritt wurde Thomas eröffnet, dass er seinen Obe-
ren seine Korrespondenz offenlegen sollte. Sie wollten alle seine Mails und
Briefe zu lesen bekommen, sowohl die, die er schrieb, als auch die, die er
empfing. Daraufhin stoppte er alle seine Kontakte, da er nicht bereit war,

133

seine gesamte Korrespondenz offenzulegen. Das störte seine Oberen offenbar nicht, und einen anderen Weg, sich zu wehren, sah Thomas nicht. Seine Oberen wollten aber nicht nur seine Kontakte „nach außen" kontrollieren, sondern auch die, die er zu seinen Mitbrüdern hatte. Als ein Mitbruder, der selbst kurz vor dem psychischen Zusammenbruch stand, das Gespräch mit Thomas suchte, um ihm unter anderem seine Sorgen bezüglich einiger schwerwiegender Vorfälle in der Gemeinschaft mitzuteilen, darunter Alkoholmissbrauch und heimlich ausgelebte Homosexualität, war Thomas schockiert und hielt es für besser, über dieses Gespräch und das, was da zur Sprache gekommen war, zunächst vertraulich mit einem ihm von früher bekannten Priester außerhalb der Gemeinschaft zu sprechen. Dieser informierte daraufhin allerdings Thomas' Obere. Thomas wurde noch am selben Abend zur Rede gestellt: Warum hatte er mit einem Mitbruder und einem Außenstehenden über die Gemeinschaft gesprochen? Was genau war zur Sprache gekommen? Thomas gab alles zu. Seinen Mitbruder durfte er nicht mehr sehen. Am nächsten Morgen musste er das Haus verlassen, um einige Wochen alleine in einem Kloster in den Bergen zu verbringen. Vorher musste er seinem Mitbruder einen Brief schreiben, in dem er alles zurücknahm, was er im Gespräch mit ihm gesagt hatte.

In diesem Beispiel wird deutlich, wie eng die Kontrolle der Beziehungen mit der Kontrolle über Menschen, über ihr Wollen und Denken zusammenhängt: Weil Thomas nicht mehr selbst über seine Beziehungen bestimmen und zu niemandem innerhalb oder außerhalb der Gemeinschaft in Kontakt treten kann, kann er auch mit niemandem über Probleme reden beziehungsweise erfährt er von manchen Problemen, die es in seiner Gemeinschaft offensichtlich gibt, gar nicht erst. Er bekommt auch von niemandem eine Bestätigung dafür, dass das, was er wahrnimmt und denkt, stimmt. Mehr noch: Er wird gezwungen, seinen Mitbruder anzulügen, seine eigenen Überzeugungen zu verleugnen und Dinge, die von entscheidender Bedeutung für seinen Blick auf die Gemeinschaft sind, totzuschweigen. Ohne offenen Austausch gibt es keinen echten Zugang zu Informationen, ohne diese gibt es kein ausreichendes Wissen um Fakten und ohne Wissen über Fakten ist vernünftiges Denken und Entscheiden unmöglich. Abgesehen davon gibt es ohne Kontakt zu echten Freunden auch wenig, wofür es sich durchzuhalten und zu leben lohnt.

Anna durfte jedes Jahr für ein paar Tage Heimaturlaub bei ihren Eltern verbringen. In einem Jahr hatte sie während dieses Aufenthaltes ein Gespräch mit ihrem Bruder. Er vertraute ihr an, dass er homosexuell war. Anna erschrak, wies ihn auf die „Lehre der Kirche" hin, drückte aber gleichzeitig aus, dass sie ihn als Menschen respektierte und dass sich dadurch an ihrem Verhältnis zueinander nichts änderte. Ihr Bruder bat sie eindringlich, ihrem Vater nichts davon zu erzählen. Beide wussten, wie schwierig es für den Vater wäre, die Homosexualität seines Sohnes zu akzeptieren. Es galt auf einen günstigen Augenblick zu warten, in dem der Sohn sich seinem Vater offenbaren konnte. Anna gab dieses Versprechen. Ihr war klar, wie heikel dieses Coming Out werden würde. Sobald sie wieder zurück war, musste sie ihrer Oberin über den Heimataufenthalt Bericht erstatten. Anna war das gewohnt und erzählte ihr alles, auch von dem Gespräch mit ihrem Bruder. Ihre Oberin verlangte daraufhin von ihr, sich auf der Stelle niederzusetzen, dem Vater einen Brief zu schreiben und ihn von der Homosexualität seines Sohnes zu unterrichten. Auf die Frage, warum und wozu, erhielt sie nur die Antwort, sie müsste das im Gehorsam tun, denn sie hatte Gehorsam gelobt. Obwohl es ihr das Herz umdrehte und ihr so übel wurde, dass sie sich erbrechen musste, obwohl sie das Gefühl hatte, ihren Bruder zu verraten, gehorchte Anna. Sie fühlte sich wie vergewaltigt. Ihr Verhältnis zu ihrem Bruder und zu ihrer Familie wurde dadurch über Jahre hinweg aufs Schwerste belastet, vor allem aber litt sie darunter, ihren Bruder verraten und ein Versprechen gebrochen zu haben. Aber sie sah in dem Moment, in dem ihre Oberin sie zwang, den Brief zu schreiben, keinen Ausweg. Sie glaubte, durch das Gehorsamsgelübde gebunden zu sein.

In diesem Beispiel wird besonders deutlich, dass erzwungene Trennungen beziehungsweise das gezielte Zerstören menschlicher Bindungen nicht nur diese Bindung zum Ziel hat, sondern sich immer auch – wenn nicht vor allem – gegen die Person richtet, deren Bindung zerstört wird. Indem die Oberin

Anna zu einem nicht nur sinnlosen, sondern obendrein unmoralischen Akt zwingt, der ganz klar gegen Annas Willen geht, vernichtet sie nicht nur Annas Bindung an ihren Bruder und ihre Eltern, sondern sie zerstört Anna selbst. Sie dringt in ihr Inneres ein und zwingt sie zu einer Handlung, von der Anna selbst weiß, dass sie sie nicht will und dass sie nicht gut ist.

Hier wird zugleich deutlich, wie spirituelle Gewalt auf spiritueller Vernachlässigung und Manipulation aufbaut, denn die Oberin kann Anna nur deswegen zu etwas zwingen, was Anna selbst nicht will, weil sie Anna zuvor einen Gehorsamsbegriff anmanipuliert hat, dem Anna sich verpflichtet fühlt: Sie meint, der Oberin gerade auch dann gehorchen zu müssen, wenn sie das, was von ihr verlangt wird, selbst nicht versteht und nicht will. Dieser Gehorsamsbegriff ist im Übrigen nicht so abseitig, wie er angesichts so grausamer Konsequenzen wie im obigen Beispiel zu sein scheint: Er gehört zum klassischen Repertoire der Ordensfrömmigkeit und lebt im Geiste kirchlicher Dokumente bis heute fort.[22]

> Johannes war Laienmitglied einer geistlichen Bewegung. Er war ein junger Mann von gut zwanzig Jahren, lebte in der Welt, ging seiner Arbeit nach, lebte aber die Spiritualität der Bewegung und empfing regelmäßig geistliche Begleitung von Angehörigen dieser Bewegung. Bei Vorträgen, Gottesdiensten und anderen Veranstaltungen lernte er eine junge Frau kennen, die wie er Laienmitglied dieser Bewegung war. Er kam mit ihr ins Gespräch und traf sie nach und nach auch privat. Die beiden verliebten sich und wollten zusammenziehen. Da begannen die Verantwortlichen der Bewegung die beiden unter Druck zu setzen. Ihrer Beziehung wurde ein schroffes Ende gesetzt. Für Johannes war das der Punkt, an dem er sich zur Wehr setzte. Er verließ die Bewegung einige Zeit später. Seine Freundin aber blieb in der Gemeinschaft und durfte keinerlei Kontakt mehr zu ihm haben. Sie starb Jahre später an einer Krankheit, ohne dass Johannes sie noch einmal hätte sprechen können.

Mindestens so systematisch und aggressiv wie Freundschaften und Beziehungen zu Eltern und Geschwistern werden in spirituell totalitären Gemeinschaften Liebesbeziehungen zerstört. Das ist kaum verwunderlich, denn die romantische Liebe gehört zu den Gefühlen, die das Selbstbewusstsein und das Bewusstsein für die eigene Lebendigkeit und Würde besonders schnell und wirksam erstarken lassen, und zwar selbst dann, wenn es schon sehr verschüttet oder weitgehend vernichtet ist. Gott sei Dank gelingt es daher – wie im Fall von Johannes – immer wieder, dass Menschen sich nach Jahren aus spiritueller Unterdrückung befreien können, wenn sie sich verlieben und damit auch sich selbst, den eigenen Lebenswillen, die Verantwortung für einen geliebten Menschen und die eigenen Grenzen neu spüren können. Umso trauriger ist es, wenn es Missbrauchstätern gerade in so einem Fall gelingt, eine aufkeimende Liebesbeziehung zu zerstören und eine der liebenden Personen erneut unter ihre Kontrolle zu bringen.

4.3.3 Gewaltsame Ausbeutung von Arbeitskraft

Spirituelle Gewalt verschafft gewalttätigen geistlichen Führern vermutlich in erster Linie so etwas wie eine persönliche Genugtuung über die Folgsamkeit ihrer Anhänger oder Untergebenen. In einigen Fällen dient sie aber auch dazu, die geistlich Abhängigen auf andere Weise auszubeuten, beispielsweise als billige Arbeitskraft. Dabei ist es wiederum nicht notwendigerweise der Fall, dass den Tätern voll bewusst ist, dass sie die Opfer ausbeuten. Manche geben ernsthaft vor, dass sie den so Ausgebeuteten einen Dienst erweisen, weil sie sich ja auch um sie kümmern, ihnen Kost und Logis gewähren und sie geistlich versorgen, nicht zuletzt indem sie sie auf einen Weg der Selbstüberwindung führen.

Solche Rechtfertigungen muten freilich zynisch an, nicht zuletzt weil die Ausbeuter in jedem Fall von der Ausbeutung profitieren und sie nicht selten gezielt und bewusst erzwingen, mit spirituellen Mitteln, mit emotionalem Druck oder mit dem Ausspielen von Abhängigkeitsverhältnissen und Machtgefällen.

> Melanies Tagesablauf sah praktisch so aus: Um 5 Uhr aufstehen, Messe, Morgengebet und Frühstück, dann Arbeiten in der Küche, um 12 Uhr Mittagsgebet und Mittagessen, dann Arbeiten in der Küche, um 18 Uhr Abendgebet und Abendessen, dann Arbeiten in der Küche, um 20 Uhr Abendgebet, dann Nachtruhe. Melanie machte das einige Monate lang mit. Sie hatte keine Wahl. Sie glaubte an das Ideal der bedingungslosen Hingabe und hatte keine anderen spirituellen Ressourcen. An einem Tag wurde es ihr dennoch zu viel. Sie brach in der Küche zusammen. Ihre Beine konnten sie kaum mehr tragen. Sie saß heulend am Küchentisch und konnte sich gar nicht mehr fassen. „Ich möchte doch nur einmal wieder hinaus", stieß sie unter Schluchzen hervor. Ihre Mitschwester nahm sie in den Arm, versuchte sie zu trösten und schickte sie erst einmal auf ihr Zimmer: „Ich schaffe das hier jetzt auch alleine. Ruh du dich erstmal aus", sagte sie zu ihr. Melanie ging aufs Zimmer und legte sich hin. Als etwas später die Oberin – auch sie Oberin, Novizenmeisterin und geistliche Begleiterin der Novizinnen in einer Person – die Küche betrat, wunderte sie sich: „Wo ist Sr. Melanie?" Die Mitschwester erzählte ihr von Melanies Zusammenbruch. Die Oberin war nicht erfreut und suchte Melanie in ihrem Zimmer auf. Sie war streng, sprach von der bedingungslosen Hingabe und brachte Melanie zurück in die Küche. Sie sollte lernen, dann und gerade dann zu dienen, wenn es ihr „schwerfiel". Denn nur so käme man im geistlichen Leben voran.

Es ist schwer vorstellbar, wenn auch nicht ausgeschlossen, dass die Oberin in diesem Fall selbst an die Deutung glaubt, die sie Melanie vorgibt. Es scheint mir wahrscheinlicher, dass diese Deutung bewusst zur Ausbeutung der Schwestern benutzt wird, weil die Schwestern so dazu gezwungen werden können, über ihre Kräfte zu arbeiten. Wie dem auch sei: Ein derart eindeutiges Hinwegsetzen über die Grenzen der physischen und psychischen Belastbarkeit unter Verweis auf ein bestimmtes spirituelles Konzept ist in jedem Fall ein schwerer Akt von spiritueller Gewalt. Es gibt viele Fälle, in denen Menschen von ihren geistlichen Führern gezwungen werden, über die Grenzen ihrer körperlichen Belastungsgrenzen hinaus zu arbeiten. Ich beschränke mich auf ein weiteres Beispiel:

> Paula hatte eine gute Gesundheit, aber einmal hatte es sie doch erwischt. Sie war völlig abgeschlagen, ihre Nase lief, ihr ganzer Körper war von Schweiß klatschnass. Ihr Kleid klebte an ihrem Rücken, man hätte es auswringen können. Es war aber keine Frage, dass sie weiter arbeiten musste, ja mehr noch: Ein Kardinal kam auf Besuch und man benötigte noch Schwestern, die die Kapelle füllten, denn er wollte die Messe in der Hauskapelle feiern. Es war nach dem Mittagessen. Paula war früh am Morgen schon in der Messe gewesen, den ganzen Vormittag in der Küche gestanden und konnte sich jetzt endgültig kaum mehr auf den Beinen halten. Sie hatte gehofft, an diesem Tag ausnahmsweise eine Erlaubnis für einen halbstündigen Mittagsschlaf zu erhalten. Nun wurde sie stattdessen in die Kapelle beordert. Sie wusste nicht, dass es legitim gewesen wäre, Nein zu sagen. Ihre Oberin hätte ein solches Nein auch nicht akzeptiert. So schleppte sie sich in die Messe und war froh, dass sie da immerhin die meiste Zeit sitzen oder knien konnte.

4.3.4 Gewaltsame ärztliche und geistliche „Behandlungen"

Spirituelle Gewalt sind auch erzwungene Behandlungen. Gerade wenn Begleitete unter der Last des spirituellen Missbrauchs zusammenbrechen, neigen die Täter dazu, sie zu bestimmten medizinischen oder spirituellen Maßnahmen zu zwingen. Die Last der Verantwortung dafür, dass der Begleitete dem Missbrauch nicht standgehalten hat, wird dem Opfer zugewiesen. Die Annahme lautet: Wenn das Opfer in irgendeiner Weise „besser" gewesen wäre – hingabebereiter, gläubiger, gehorsamer, offener oder in welche Worte auch immer das von den jeweiligen Tätern gekleidet wird –, dann würde es ihm mit dem Missbrauch gut gehen. Dass es ihm nicht gut geht, ist seine eigene Schuld. Mit ihm stimmt etwas nicht und dieser Fehler muss nun behoben werden. Sei es, dass die Täter eine Besessenheit diagnostizieren oder eine fehlende Reue über bestimmte „Sünden", sei es, dass sie eine vermeintliche psychische oder physische Krankheit feststellen und entsprechende „Spezialisten" hinzuziehen: Sie schreiben die in ihren Augen richtige Behandlung vor, der die jeweilige Person sich unterziehen muss. Das können religiöse Rituale sein, wie beispielsweise eine Beichte, ein Exorzismus oder ein anderes gemeinschaftsspezifisches Ritual. Es können auch mehr oder weniger fragwürdige medizinische Behandlungen und Therapien sein.

Kathrin hatte mittlerweile über zwei Jahre in ihrer Gemeinschaft durchgehalten. Sie magerte ab und wurde immer schwächer. Sie lächelte zwar den ganzen Tag – denn etwas anderes als ein Lächeln wollte ihre Oberin auf ihrem Gesicht nicht sehen –, aber dieses Lächeln war zu einer angestrengten Grimasse geworden. Als zusätzlich ein Priester der Gemeinschaft begann, sich Kathrin sexuell zu nähern, und sie es mit letzter Kraft schaffte, ihn abzuwehren, brach sie unter den folgenden Schuldzuweisungen ihrer Oberin zusammen (diese meinte, wenn Kathrin es nicht irgendwie provoziert hätte, hätte der arme Mitbruder sich sicherlich nicht verführen lassen). Daraufhin wurde Kathrin zu einem der Gemeinschaft gut bekannten Therapeuten geschickt. Weil Kathrin die Landessprache nicht sprach und sich mit dem Therapeuten nicht verständigen konnte, kam die Oberin als Dolmetscherin mit und saß in jeder Sitzung neben Kathrin. Der Therapeut verschrieb Kathrin schließlich Psychopharmaka, die sie zunächst nicht nehmen wollte – als Krankenpflegerin wusste sie, dass sie davon abhängig werden würde –, aber ihre Oberin zwang sie dazu. Kathrin wurde tatsächlich abhängig und war nun vollends am Ende und zum Arbeiten nicht mehr zu gebrauchen. An diesem Punkt wurde sie von der Gemeinschaft ausgeschlossen.

Leider ist auch dieses Beispiel in vielerlei Hinsicht typisch: Menschen, die unter der Last des geistlichen Missbrauchs zusammenbrechen, wird zunächst eine Deutung ihres Zusammenbruchs aufgenötigt, mit der sie dann zu einer Behandlung gezwungen werden, die sie selbst nicht wollen und von der sie wissen oder zumindest ahnen, dass sie ihnen nicht guttut. Vor allem aber ist es typisch, dass die Täter – anstatt die Verantwortung für ihr Handeln zu übernehmen und sich angemessen um die betroffenen Personen zu kümmern – ihre Opfer buchstäblich auf die Straße setzen, sobald sie aufgrund der Folgen des Missbrauchs nicht mehr zu „gebrauchen" sind.

Mit einem solchen Vorgehen verletzen Gemeinschaften auch kirchenrechtliche Vorschriften (im c. 649 § 1 und 697 ist beispielsweise geregelt, unter welchen Bedingungen Mitglieder entlassen werden können – nämlich nicht einfach dann, wenn die Oberen sie nicht mehr in der Gemeinschaft haben wollen –, und aus dem c. 702 § 2 geht hervor, dass Ordensleute nicht einfach mit ein paar Euro abgespeist werden dürfen). Missbräuchliche Gemeinschaften können sich aber in den weitaus meisten Fällen darauf verlassen, dass ihre Opfer das nicht wissen oder aber viel zu sehr am Boden zerstört sind, um ihr Recht in irgendeiner Weise einzuklagen zu versuchen. Zudem stoßen auch die wenigen Opfer, die das versuchen, bei den kirchlichen Obrigkeiten, an die sie sich wenden, in aller Regel auf taube Ohren oder schwache Mitleidsbekundungen, sodass in entsprechenden Gemeinschaften kaum jemand befürchten muss, für solche Taten zur Rechenschaft gezogen zu werden. Leider gilt Letzteres gerade auch für solche Fälle, die an Unmenschlichkeit kaum zu überbieten sind:

> Carmen war als sehr junges Mädchen von einem Diözesanpriester mit einer neuen geistlichen Gemeinschaft in Kontakt gebracht worden, in die sie schließlich als Sechzehnjährige eintrat. Dieser Priester besuchte sie regelmäßig und missbrauchte sie sexuell. Die Gemeinschaft bekam davon anscheinend nichts mit. Der Priester war dort sehr angesehen. Er brachte immer wieder junge Mädchen mit, die in die Gemeinschaft eintraten. Als Carmen, kaum zwanzigjährig, schließlich schwanger wurde, wurde sie in ein Krankenhaus gebracht, dessen Träger die Gemeinschaft war. Sie wusste nicht, was mit ihr dort geschehen würde. Nachts wurde sie aus ihrem Zimmer in einen OP-Saal geschoben, in dem schon der Priester wartete, der sie missbraucht hatte und von dem sie schwanger war. Während ihre Beine geöffnet und festgeschnallt wurden, begann er einen Exorzismus über sie zu beten. Eine Mitschwester von Carmen führte derweil OP-Besteck in ihre Vagina ein. Ihr Kind wurde abgetrieben. Carmen blieb nach diesem Eingriff für immer unfruchtbar.

4.3.5 Die Folgen spiritueller Gewalt

Menschen, die spirituelle Gewalt erlebt haben, beschreiben diese Erfahrung mit der Metapher der Vergewaltigung oder des Mordes. Sie fühlen sich, als wären sie getötet oder ausgelöscht worden. Ihr Inneres ist so leer, dass sie bisweilen nicht einmal mehr die Energie aufbringen, noch irgendetwas an ihrer Situation ändern zu wollen. *Manche Opfer haben jeglichen Lebenswillen verloren. Viele bleiben ihren Tätern ihr Leben lang ausgeliefert. Einige nehmen sich das Leben.* Sie können ihre Geschichten nicht mehr erzählen.

4.4 Spiritueller Missbrauch als Voraussetzung von anderen Formen von Ausbeutung

Menschen, deren spirituelle Selbstbestimmung eingeschränkt wird, werden auf die eine oder andere Weise daran gehindert, ihrem eigenen Leben und ihren Erfahrungen selbst einen Sinn zu geben und nach Deutungen zu suchen, die ihnen ermöglichen, wirklich gut mit dem zu leben, was ihnen widerfährt. Wie wir gesehen haben, schafft das alleine schon eine Unfreiheit und einen Leidensdruck, der in Einzelfällen so extrem sein kann, dass Menschen am Leben verzweifeln.

Spiritueller Missbrauch hat aber eine weitere Folge: Wenn eine Person – einfach weil sie keine eigenen spirituellen Ressourcen hat und nicht um ihr spirituelles Selbstbestimmungsrecht weiß oder darum, wie sie es ausüben könnte – gezwungen wird, bestimmte spirituelle Ressourcen zu akzeptieren, bestimmte Deutungen ihres Lebens, einen bestimmten Sinn, den ihr Leben angeblich hätte, und bestimmte Bedeutungen, die ihren Gefühlen, ihren Handlungen und Willensäußerungen gegeben werden, kann sie auch leicht dazu gezwungen werden, sich alles mögliche gefallen lassen zu müssen.

Wenn jemand einmal in der Falle spiritueller Fremdbestimmung sitzt, in der eine bestimmte Autorität vorgibt, was gilt, was richtig und was falsch ist, und wenn es neben dieser Autorität keine höhere Instanz und keinen anderen Orientierungsrahmen mehr gibt, auf die er sich berufen könnte, *dann kann diese Autorität buchstäblich alles von diesem Menschen verlangen,* ohne dass dieser sich wehren könnte. Auf diese Weise werden Opfer spirituellen Missbrauchs auch moralisch korrumpiert und zu unethischen Handlungen genötigt.

Es wird zwar niemand, der sich als christlich oder katholisch bezeichnet, so weit gehen zu sagen, dass ein Oberer von einem Mitglied seines Ordens auch eine Sünde verlangen könnte. Wenn allerdings der Obere darüber bestimmt, was als Sünde gelten soll, dann kann er praktisch doch alles verlangen, sei es Steuerhinterziehung, Erbschleicherei, Anlagen in ethisch bedenklichen Aktienfonds, Verletzung des Forum

Internum, Aufnahme ungefestigter oder ungeeigneter Kandidaten, sexuelle Handlungen, Vertuschen von Missbrauch und so weiter und so fort. Um sich wehren zu können, muss das Ordensmitglied oder der gläubige Katholik also in der Lage sein, eine andere Deutung einer Handlung zu vertreten als die vermeintlich über ihm stehenden geistlichen Autoritäten. Es muss selbst über ein frei ausgebildetes Gewissen verfügen und in einem Klima leben, in dem es die Entscheidungen der Autorität in Frage stellen darf – und in dem seine persönliche Gewissensentscheidung nicht als Ungehorsam betrachtet wird, sondern respektiert wird und in der Gemeinschaft Gehör finden kann.

Es kommt allerdings auch vor, dass jemand in Extremsituationen spiritueller Gewalt einen weiteren Orientierungsrahmen und damit unterbewusste spirituelle Ressourcen entdeckt, die er bisher nicht genutzt hat, und dass er so gerade im Moment des Zwangs seine Freiheit wiederentdeckt und der vermeintlich allmächtigen geistlichen Autorität im Namen eines höheren Prinzips Grenzen setzen kann. Sehr beeindruckt hat mich die Geschichte von Bruder Gabriel:

> *Bruder Gabriel lebte in einer spirituell totalitären Gemeinschaft, in der er über mehr als zehn Jahre hinweg spirituell missbraucht wurde. Er musste buchstäblich Tag und Nacht arbeiten, bekam nie Freizeit, seine gesamte Kommunikation wurde kontrolliert, er durfte keinen persönlichen Austausch pflegen und alles das wurde von ihm verlangt aus Liebe zum göttlichen Herzen Jesu, das – so seine Oberen – von den Menschen unserer Zeit so sehr verletzt würde. Auf dem Tabernakel, vor dem er täglich kniete, war das von Dornen durchbohrte Herz Jesu zu sehen, das angeblich so sehr litt und zur Wiedergutmachung dieses Leids der Liebe und der unermüdlichen Arbeit des Ordensmannes bedurfte. Dieser blickte eines Tages auf den Tabernakel und sagte ganz einfach: Herr Jesus, ich habe auch ein Herz. Er verließ die Gemeinschaft, gab das Ordensleben auf und heiratete.*

Was war passiert? Dieser Mann hat gewusst, wenn auch über Jahre hinweg wohl nur unterbewusst, dass die Deutung seines Lebens, die seine Oberen vorgaben, nicht alles war, dass es andere Sichtweisen gab und dass er über sein Leben und darüber, wie er sein Leben sah, selbst bestimmen durfte – und dieses Wissen, verbunden mit einer alten, nie völlig ausgelöschten Verliebtheit, ist in einem Moment, in dem es von außen gesehen nach all den Jahren unwahrscheinlich war, wieder in sein Bewusstsein getreten. In anderen Fällen geschieht das nicht oder gibt es ein solches Wissen und eine auf befreiende Weise liebenswerte Person vielleicht auch nicht.

Wenn ein Beichtvater einer jungen Frau erklärt, Gott hätte ihm die Gewissheit gegeben, dass er eine sexuelle Beziehung mit ihr eingehen solle und dass das ein Ausdruck einer mystischen Vereinigung sei, die Gott nur wenigen Auserwählten zukommen lässt, und dass sie um Gottes willen einwilligen müsse, dann sitzt diese junge Frau unter Umständen in der Falle. Nehmen wir einmal an (es hat entsprechende reale Fälle gegeben)[23], der Beichtvater ist der hochangesehene Gründer einer spirituell totalitären Gemeinschaft, die die Wertschätzung hochrangiger Würdenträger genießt und sich als „Erneuerungsbewegung in der Kirche" oder gar als „wahre Kirche" inszeniert. Zudem hat er Mitwisser und Helfer, die die Ausbeutung der jungen Frau unterstützen und seine „Spiritualität" mittragen. Diese junge Frau hat zudem vielleicht keine eigene Vorstellung von Mystik, besitzt kein Wissen über den kirchenrechtlichen Schutz der Beichte und des Pönitenten und hat ein Priesterbild, in das sich solche vermeintlich direkten göttlichen Inspirationen durchaus einfügen. Ihr gesamtes Umfeld, einschließlich ihrer leiblichen Familie, bewundert den Gründer. In so einem Fall kann sie sich kaum wehren. Denn um sich in diesem Moment wehren zu können, müsste sie neben psychischen und sozialen auch spirituelle Ressourcen besitzen, die es ihr überhaupt erst einmal ermöglichen, den Gründer und seine Deutung des von ihr verlangten Aktes in Frage zu stellen.

Am Ende dieses Kapitels lässt sich festhalten, dass geistlicher Missbrauch in der katholischen Kirche nicht nur ein reales und nach wie vor aktuelles Problem ist (die meisten der in diesem Kapitel erzählten Fälle haben sich vor fünf bis zwanzig Jahren zugetragen, keiner ist länger her als vierzig Jahre – und es gibt, leider, keinen Grund zur Annahme, dass es solche Fälle aktuell nicht mehr gäbe); es lässt sich vor allem festhalten, dass es ein vielschichtiges, komplexes Problem ist, dem eine von außen schwer zu durchschauende Dynamik zugrunde liegt. Meines Erachtens ist *der einzige verlässliche Parameter, mit Hilfe dessen geistlicher Missbrauch verlässlich identifiziert und vermieden werden kann, die spirituelle Selbstbestimmung.* Daher stellt sich an dieser Stelle die Frage, wie die Kirche eigentlich zur spirituellen Selbstbestimmung der Gläubigen steht und warum sie sie offenbar nicht wirksam schützt.

Literaturhinweise zu diesem Kapitel

Maria del Carmen Tapia, Hinter der Schwelle. Ein Leben im Opus Dei, 1994.

Eugen Drewermann, Kleriker, 1989.

Stefan Junker, Die Opfer der Seelenfänger, in: Gehirn & Geist 2017 Heft 5, 26–32.

Ein Haus mit Fenstern aus Licht, hg. von Gunther Klosinksi, Walter von Lucadou und Inge Mamay, 2004.

Gunther Klosinksi, Psychokulte. Was Sekten für Jugendliche so attraktiv macht, 1996.

Klaus Mertes, Geistlicher Machtmissbrauch, in: Geist und Leben 90 (2017), 249–259.

Richard Picker, Krank durch die Kirche. Katholische Sexualmoral und psychische Störungen, 1998.

Bärbel Schwertfeger, Der Griff nach der Psyche – welche Folgen umstrittene Trainings und Therapieangebote haben können. Online zugänglich unter: http://www.sektenwatch.de/drupal/sites/default/files/files/psycho_seminare.pdf.

Claudia Stein, Seelische Gewalt in Paarbeziehungen. Interventionsformen und Bewältigungsstrategien, 2006.

Gordon Urquhart, Im Namen des Papstes. Wie ultrakonservative Organisationen die Macht in der Kirche übernehmen, 1995.

Michael Utsch (Hg.), Pathologische Religiosität. Genese, Beispiele, Behandlungsansätze, 2012.

Doris Wagner, Nicht mehr Ich. Die wahre Geschichte einer jungen Ordensfrau, 2014.

Aus der Kunst: Kreuzweg – ein Film von Dietrich Brüggemann, 2014.

5. Wie die Kirche zur spirituellen Selbstbestimmung steht

Die drängende Frage, die das Phänomen des geistlichen Missbrauchs in der katholische Kirche aufwirft, ist: Wie ist dieser Missbrauch in der Kirche möglich? Was sind seine Ursachen? Warum wird er nicht verhindert? Und wer hat in der Kirche eigentlich die Verantwortung dafür, dass dieser Missbrauch geschieht, dass er nicht verhindert und kaum geahndet wird? Wir müssen uns also zwei Fragen stellen: die nach den Ursachen und die nach der Verantwortung. In diesem Kapitel soll es vor allem um die erste Frage gehen. Die zweite will ich im folgenden Kapitel ansprechen, das sich mit der Vorbeugung befasst.

5.1 Zwei inkompatible Traditionen

Es gibt eine ziemlich einfache Antwort darauf, warum geistlicher Missbrauch in der Kirche möglich ist, obwohl wir meinen, eine grundsätzlich aufgeklärte und menschenfreundliche Theologie zu haben: *In der Kirche hat es immer beides gegeben. Sie besitzt eine freiheitliche und eine autoritäre Tradition.* Sie kennt u. a. die *Epikie*[24] und das *sacrificium intellectus*[25]. Sie kennt das Eintreten für den Menschen, seine Gotteskindschaft und sein freies Gewissen ebenso wie das Eintreten für die institutionelle Macht und Reputation, für eine vermeintlich objektive Wahrheit und Moral, der sich die Gläubigen ohne Widerspruch zu beugen haben. Sie kennt die freie theologische Forschung mit ihren verschiedenen Lehrmeinungen und Schulen ebenso wie den Anspruch der römischen Kirchenleitung, alleine das „ordentliche Lehramt" zu sein. Diese beiden Traditionen finden sich schon im Neuen Testament, sie finden sich in den Schriften der Kirchenväter, in den theologischen Schulen, die an Universitäten verschiedener Orte und Zeiten gelehrt wurden, sie finden sich in lehramtlichen Texten, im Kirchenrecht und in aktuellen theologischen Debatten über das Verhältnis von Wahrheit und Freiheit.[26]

Dabei ist es gerade die Gleichzeitigkeit dieser beiden Traditionen, die einen so verheerenden Effekt hat. Dadurch dass kirchliche Verantwortliche, wenn sie für ihren autoritären Stil kritisiert werden, diesen Stil simpel und unschuldig im Lichte der freiheitlichen Tradition der Kirche interpretieren, die es ja auch gibt; dadurch dass spirituelle Gewalt im Namen eines „liebenden Gottes" ausgeübt wird und dass beispielsweise bedingungslose Unterordnung als „kindliches Vertrauen" bezeichnet wird, erleben Menschen die Kirche und Gott als monströse Zwitterwesen, die ständig Doppelbotschaften aussenden. Zu diesem doppelgesichtigen und double-bind-Botschaften aussendenden Monster kann man sich immer nur falsch verhalten. Das heißt, wer versucht, beiden Traditionen zu folgen, beide Gesichter „Gottes" vor Augen zu behalten, der gerät in eine Falle, aus der er aus eigener Kraft kaum mehr herauskommt. Er ist wie ein Kind, das versucht Borderline-Eltern gerecht zu werden.[27]

Wo finden wir diese beiden Traditionslinien konkret? Ich beschränke mich auf einige Beispiele – das Thema wäre gleichwohl ein eigenes Buch wert.

Wir erkennen sie bei Paulus, der sich einerseits immer wieder ausdrücklich auf seine persönliche Jesusbegegnung vor den Toren von Damaskus beruft – und sich bewusst keinen geistlichen Autoritäten unterordnet, im Gegenteil: Er verteidigt seine spirituelle Autonomie und seine eigenen geistlichen Erfahrungen sogar gegen sie (Gal 2,11). Derselbe Paulus gesteht seinen eigenen Gemeindegliedern allerdings nicht unbedingt die gleiche spirituelle Freiheit und Gott-unmittelbarkeit zu, die er für sich in Anspruch nimmt, im Gegenteil: Von ihnen verlangt er durchaus, dass sie sich ihm unterordnen und einzig seinem geistlichen Weg folgen. Er gesteht ihnen keine alternativen spirituellen Quellen zu und droht ihnen sogar (1 Kor 4,21; 2 Kor 10,1–6).

Besonders anschaulich stehen beide Linien – die freiheitliche und die autoritäre – an einer Stelle des Katechismus der Katholischen Kirche nebeneinander. Unter der Nummer 1782 heißt es:

> *Der Mensch hat das Recht, in Freiheit seinem Gewissen entsprechend zu handeln und sich dadurch persönlich sittlich zu entscheiden. Er darf also nicht gezwungen werden, gegen sein Gewissen zu handeln. Er darf aber auch nicht daran gehindert werden, gemäß seinem Gewissen zu handeln, besonders im Bereiche der Religion.*

Unter der darauffolgenden Nummer 1783 lesen wir dann:

> *Das Gewissen muss geformt und das sittliche Urteil erhellt werden. Ein gut gebildetes Gewissen urteilt richtig und wahrhaftig. Es folgt bei seinen Urteilen der Vernunft und richtet sich nach dem wahren Gut, das durch die Weisheit des Schöpfers gewollt ist. Für uns Menschen, die schlechten Einflüssen unterworfen und stets versucht sind, dem eigenen Urteil den Vorzug zu geben und die Lehren der kirchlichen Autorität zurückzuweisen, ist die Gewissenserziehung unerlässlich.*

Wie lassen sich diese beiden spirituellen Traditionen versöhnen? Überhaupt nicht. Das scheint jedenfalls mir offensichtlich, und genau das meine ich, wenn ich sie als inkompatibel bezeichne: Wenn eine geistliche Autorität und das eigene Selbst verschiedener Auffassung darüber sind, was Gott will und was richtig ist, lässt sich das nur auf zwei verschiedene Weisen lösen: *Entweder ich folge der Autorität oder ich folge meiner inneren Stimme.* Entweder die Autorität respektiert meine Freiheit, ihre Forderung nach eigenem Gutdünken zurückweisen zu können, oder sie erhebt den Anspruch, das letzte Wort darüber zu haben, wann, ob und wie meine Zurückweisung „erlaubt" ist. *Es kann keinen Kompromiss geben*, denn dann müsste es eine Instanz geben, die darüber entscheidet, wie dieser Kompromiss auszusehen hat. Und diese Instanz wird wiederum entweder eine äußere Autorität sein (das „Lehramt" oder ein Gründer einer neuen geistlichen Gemeinschaft, der seinen Mitgliedern sagt, wie sie kirchliche Vorschriften zu verstehen haben) oder ich. Auch Gott kann nicht die Position der übergeordneten Instanz einnehmen, denn wer Gott ist und was er von uns will, ist ja gerade die Frage. Das heißt, eine der beiden Instanzen hat zwangsläufig das letzte Wort und entscheidet, wie viel Platz der anderen eingeräumt wird.

Genau das sehen wir im obigen Katechismuszitat: Die hier sprechende Autorität gesteht zwar dem einzelnen Gläubigen zu, auf sein Gewissen zu hören und frei handeln zu dürfen, „besonders im Bereich der Religion". Zugleich macht sie aber deutlich, dass sie das letzte Urteil darüber beansprucht, wann das Gewissen der Gläubigen „richtig" liegt. Das ist kein Kompromiss zwischen obrigkeitlicher Vorgabe und Gewissensurteil, sondern es ist die Aufhebung des persönlichen Gewissensurteils im Namen einer höheren Autorität. Umgekehrt gibt es auch die Aufhebung des Autoritätsanspruchs im Namen des eigenen Gewissens: Viele Gläubige, vielleicht die weit überwiegende Mehrheit, behalten sich vor, selbst darüber zu bestimmen, welche kirchlichen Vorschriften und Lehren sie sich zu eigen machen wollen und welche nicht. Auch sie folgen damit nicht wirklich beiden Instanzen, sondern einer, nämlich ihrer eigenen inneren Stimme.

Es gibt also rein logisch gesehen nur diese zwei Möglichkeiten: Entweder das Ich unterwirft sich der Autorität – mit allen Konsequenzen, die das für die Person hat, die im Zweifelsfall gegen ihre innere Einsicht handelt – oder die Autorität wird unter Berufung auf das eigene Selbst zurückgewiesen – ganz gleich, was die Autorität davon hält und welche Konsequenzen das für ihre Gesetze und Institutionen hat. Einen Mittelweg gibt es nicht, allenfalls gibt es einen wohlwollenden Dialog zwischen beiden Instanzen. Eine von beiden muss aber die letztlich ausschlaggebende sein.

Ich möchte an dieser Stelle gar nicht den Anspruch erheben, *wissen zu können*, welche der beiden Instanzen sozusagen grundsätzlich und objektiv richtig liegt. Mir scheint, dass die Frage, welcher Instanz im Zweifelsfall zu folgen sei, von einem ganz anderen Ausgangspunkt her beantwortet werden muss, nämlich *von den Konsequenzen her*: Was passiert, wenn Menschen sich im Zweifelsfall einer geistlichen Autorität unterordnen und nicht auf ihre innere Stimme hören? Und was passiert, wenn Menschen im Zweifelsfall der inneren Stimme folgen und die Autorität zurückweisen?

Beginnen wir mit Ersterem und nehmen wir an, die autoritäre Tradition wäre im Recht, es gäbe eine objektive Wahrheit, die die Kirche verkündet und der sich alle Gläubigen in Lehr- und Sittenfragen zu unterwerfen haben, auch wenn ihre innere Stimme anders urteilt. Das heißt, wenn eine von der Kirche eingesetzte Autorität das so will, dann wäre dieser Lehre Gehorsam zu leisten, auch dann, wenn das, was sie fordert, dem Einzelnen nicht vernünftig erscheint *(sacrificium intellectus)*, und auch dann, wenn es tragische Folgen für sein persönliches Leben mit sich bringt. Welche Konsequenzen das hat, wissen wir, denn wir sind im vorherigen Kapitel Menschen begegnet, die sich auf dieses Experiment eingelassen haben. Ihre Erfahrungen finden sich im letzten Abschnitt, den ich mit spiritueller Gewalt überschrieben habe: Es bedeutet, genau dann, wenn es wehtut, den eigenen

Willen, die eigenen Gefühle und Beziehungen, das eigene Denken zu brechen und buchstäblich abzutöten. Es bedeutet – mit einem Wort – Leid. Das heißt, wer an diese Tradition glaubt und dieser Linie folgen möchte, müsste eigentlich auch diese Konsequenzen vor Augen haben und verantworten können. Diese Konsequenzen sind aber nicht zu verantworten. Sie führen uns unerbittlich und unabweisbar vor Augen, dass Unterordnung nicht zu Gott führt – jedenfalls nicht zu einem Gott, der es verdient hätte, verehrt und geliebt zu werden.

Was geschieht nun aber, wenn Menschen ihrer inneren Stimme folgen und geistliche Autoritäten zurückweisen? Wenn sie ihre eigene Wahrheit über ihr Leben haben und pflegen und sich in Glaubensfragen niemandem unterwerfen? Auch das wissen wir, denn wir sehen es vor uns: Die meisten Menschen in unserer Kirche entscheiden heute schon selbst, ob und was sie glauben, mit der Konsequenz, dass nur sehr wenige sich die sogenannte „Lehre der Kirche" des „ordentlichen Lehramtes" vollumfänglich zu eigen machen, dass immer weniger Menschen sonntags in die Kirche gehen, geschweige denn in Priesterseminare und Ordensgemeinschaften eintreten. Auch mit der Konsequenz, dass anstelle der einen Glaubenswahrheit viele persönliche Wahrheiten entstehen, Zugänge zu biblischen Texten, Überzeugungen und Praktiken, die sich aus den Quellen katholischer Spiritualität speisen, die aber nicht mehr von kirchlichen Autoritäten kontrolliert werden, alternative Gottes-, Kirchen- und Priesterbilder, neue Rituale und Feierpraktiken. Wer dieser Tradition folgt, nimmt also in Kauf, dass sich das Gesicht der Kirche gründlich und auf unkontrollierbare Weise verändert. Und: Er wird damit leben müssen, dass niemand in der Kirche ernsthaft beanspruchen kann zu wissen, wer Gott ist und was er will. – Mir scheint diese Konsequenz mindestens vertretbar, wenn nicht gar wünschenswert. Allerdings sollten wir uns ihre Tragweite bewusst machen, ebenso wie die Ängste, die sie auslösen kann, und die Herausforderungen, die sie mit sich bringt.

Eines ist mir an dieser Stelle noch sehr wichtig: Aus dem weiter oben Gesagten folgt ausdrücklich nicht die Forderung nach der Abschaffung kirchlicher Autorität – ganz im Gegenteil! Die kirchliche Autorität ist notwendig, gerade auch um den spirituellen Schatz der Kirche zu pflegen und die spirituelle Selbstbestimmung der Gläubigen zu unterstützen und zu schützen. Allerdings – und das ist das Entscheidende – muss die Autorität kirchlicher Amtsträger sich auf äußere Belange beschränken – und diese im Idealfall möglichst transparent und verantwortlich regeln. Das würde beispielsweise bedeuten, dass Bischöfe sich so um die Verwaltung von Finanzen und Personal in ihren Bistümern kümmern, dass für möglichst alle im Bistum, die das wissen wollen, völlig klar ist, wer warum welche Stelle bekommen hat, welche Gelder aus welchen Gründen wohin geflossen sind und wie der Immobilienbesitz des Bistums genutzt und verwaltet wird. Es würde bedeuten, dass solche Entscheidungen auch angefochten werden können, wenn es dafür gute Gründe gibt. Es würde bedeuten, dass gute, versöhnliche und transparente Regelungen getroffen werden, wo immer innerhalb der Kirche verschiedene Meinungen vereinbart werden müssen, ob es um die Zusammenlegung von Pfarreien geht, um die Gestaltung der Feierpraxis in einer bestimmten Pfarrei oder um die Anschaffung neuer liturgischer Gewänder für die Kommunionhelfer. Kurz: Es würde eine gute Regierungsführung *(good governance)* auf allen Ebenen der Kirchenleitung bedeuten.

Wenn aus dem vorher Gesagten außerdem etwas für kirchliche Amtsträger folgt, dann das: Dass sie nicht in das Seelenleben, in das Gewissen und die spirituelle Praxis der

Gläubigen *hinein*regieren dürfen. Das würde einen klaren Verzicht auf lehramtliche Vorgaben bezüglich aller individuellen und intimen Entscheidungen von Gläubigen bedeuten, ob sie die Meditations- und Gebetspraxis, das Sexualleben oder die Lektüre der Gläubigen betreffen (der Index ist zwar abgeschafft worden, aber immer wieder gibt es Äußerungen von Amtsträgern bezüglich der angeblichen Bedenklichkeit oder Unbedenklichkeit bestimmter Bücher oder Filme, wie zum Beispiel Harry Potter). Kirchliche Amtsträger sollten auf solche Wertungen und Vorgaben gänzlich verzichten und dem Gewissen und der Freiheit der Gläubigen in diesen Fragen Raum lassen. Vor allem dürfen sie Entscheidungen darüber, ob und wer einen bestimmten Auftrag innerhalb der Kirche bekommt, nicht davon abhängig machen, welche Spiritualität er oder sie pflegt und zu welchen Gewissensentscheidungen er oder sie im persönlichen Leben kommt. Das würde beispielsweise bedeuten, dass einem Theologen nicht deswegen seine Lehrerlaubnis entzogen werden kann, weil er begründet darlegt, weshalb er keinen Grund für den Ausschluss von Frauen vom Klerikerstand sieht, oder dass eine Frau nicht deswegen aus dem Kirchenvorstand entlassen werden kann, weil sie mit ihrer Freundin zusammengezogen ist, oder dass der Vertrag eines Organisten nicht deswegen gekündigt wird, weil er erneut geheiratet hat. Es würde bedeuten, dass Bischöfe keine Hirtenbriefe mehr schreiben, in denen sie Yoga oder andere Gebetsarten als verwerflich oder gefährlich bezeichnen, dass Pfarrer darauf verzichten, ein bestimmtes Modell des Familienlebens als Ideal vom Ambo herab zu verkünden oder Jugendlichen beizubringen, dass Selbstbefriedigung eine schwere Sünde sei.

Interessanterweise finden sich im Kirchenrecht durchaus Normen, die diese Maxime unterstützen und die Innerlichkeit der Gläubigen vor dem Zugriff durch kirchliche Amtsträger schützen. Tragischerweise finden sich im Kirchenrecht aber auch Normen, die geeignet sind, die spirituelle Autonomie der Gläubigen zu untergraben. Beides möchte ich kurz beispielhaft skizzieren, um an einem kleinen Punkt, an einigen wenigen Kanones, ein Problem aufzuzeigen, das, um mehr als Anekdotencharakter zu besitzen, natürlich einer eigenen kanonistischen Untersuchung bedürfte.

5.2 Wie das Kirchenrecht spirituelle Selbstbestimmung schützt

Entgegen den Vorstellungen, die viele Menschen zu haben scheinen, denen ich begegne, wenn ich über geistlichen Missbrauch in der Kirche spreche, schützt das Kirchenrecht die geistliche Freiheit der Gläubigen. Ich finde das sehr wichtig, denn das Kirchenrecht ist nicht irgendeine Einrichtung. Es gehört zu den *hard facts* des kirchlichen Lebens, zu den wenigen Dingen, auf die alle Glieder dieser Kirche formal verpflichtet sind. Wenn wir also im Kirchenrecht sehen, dass die Intention des Gesetzgebers an vielen Stellen ganz offensichtlich darin besteht, die geistliche Freiheit von Gläubigen vor einem Zugriff durch kirchliche Vorgesetzte zu schützen, dann kommt hier die freiheitliche Tradition der Kirche auf eine besonders gewichtige Weise zum Tragen.

Machen wir uns noch zunächst bewusst, dass geistlicher Missbrauch häufig dort geschieht, wo jemand in einer gewissen äußeren Abhängigkeit von geistlichen Autoritäten lebt, beispielsweise im Priesterseminar oder in einem Institut des geweihten Lebens, oder dann, wenn er sein Inneres einem anderen eröffnet, dem er, womöglich aufgrund seiner geistlichen Stellung, vertraut und von dem er sich geistliche Begleitung oder Zuspruch erhofft. Genau an diesen missbrauchsanfälligen Stellen schützt der Kodex die innere Frei-

heit der Personen, die hier zu Opfern von geistlichem Missbrauch werden könnten. So darf niemand genötigt werden,
eine Beichte bei einem Priester abzulegen, bei dem er dies
nicht tun will (c. 991); das gilt auch für Ordensfrauen, für
deren Niederlassung ein eigener Beichtvater bestellt ist
(c. 630 §§ 2 und 3) und für Seminaristen (c. 240 § 1): Sie
dürfen die ihnen zugeteilten Beichtväter für sich ablehnen
und andere wählen. Wer will, darf auch bei einem Priester
eines anderen Ritus beichten (c. 991). Dafür ist es aber umgekehrt nicht jedem Priester erlaubt, die Beichte jedes Gläubigen zu hören. Ein Novizenmeister darf beispielsweise die
Beichte seiner Novizen nicht hören, ebenso wenig der Rektor
des Seminars (c. 985). Auch darf ein Priester nicht die Beichte einer Person hören, mit der er sexuellen Umgang hatte
(c. 977). Und ganz wichtig: Niemals darf ein Beichtvater außerhalb der Beichte auf in der Beichte gewonnenes Wissen
zurückgreifen (c. 984). – Es ist leicht ersichtlich, wie diese
Bestimmungen die innere Freiheit schützen: Es schützt die innere Freiheit der Personen, wenn sie sich in der Beichte nicht
vor dem Menschen offenbaren müssen, der über ihre Zulassung zu Gelübden oder Weihen, über die ihnen zur Verfügung gestellten Arbeitsmittel oder Aufgabengebiete entscheidet. Es schützt Opfer von sexuellem Missbrauch, wenn
der Priester, der sie missbraucht, ihnen nicht zugleich die
Lossprechung für eine Tat geben kann, die er womöglich als
„gemeinsam begangene Sünde" deklariert.

Aber diesen Schutz will der Gesetzgeber nicht nur im
Blick auf die Beichte. Er gilt ausdrücklich auch für vertrauli-
che Gespräche zwischen Ordensleuten und ihren Oberen,
wie sie im c. 630 zur Sprache kommen, also für „die Offen-
barung des inneren Seelenzustandes gegenüber einer anderen
Person, der man Neigungen, Tugenden, Fehler und Schwä-
chen bekanntgibt"[28]. Der c. 630 § 5 verbietet es Oberen, die

ihnen anvertrauten Ordensangehörigen „auf irgendeine Weise zu veranlassen, ihnen das Gewissen zu eröffnen." Im Münsteraner Kommentar heißt es dazu: „Das Verbot ist streng auszulegen; jede Art von Beeinflussung ist hierunter zu verstehen."[29] Es liegt nicht fern anzunehmen, dass es im Sinne des Gesetzgebers sein dürfte, dass dasselbe auch für ähnlich angelegte Beziehungen zwischen Vorgesetzten und Untergebenen jenseits von Ordensgemeinschaften gilt, beispielsweise in kirchlichen Verbänden, Behörden oder Vereinen.

Kurz: *Niemand in der Kirche muss sein Inneres einem kirchlichen Vorgesetzten offenbaren oder irgendeinem anderen Menschen, dem er sich nicht offenbaren will. Und kein kirchlicher Vorgesetzter darf Entscheidungen, die er kraft seines Amtes über die ihm unterstellten und ihm anvertrauten Personen zu fällen hat, von deren Seelenleben und Spiritualität abhängig machen.*

Würden diese Kanones wenigstens tendenziell in allen Instituten, neuen geistlichen Bewegungen, kirchlichen Vereinen und Pfarreien beachtet, gäbe es viele der drastischsten Fälle von geistlichem Missbrauch nicht – darunter auch solche, die im vierten Kapitel dieses Buches erzählt werden. Dass Mitglieder regelmäßig und systematisch von Oberen zur Gewissensoffenbarung genötigt werden, dass Obere in manchen Gemeinschaften grundsätzlich die äußere und innere Leitung innehaben, muss also jedem, der die Geschichten der Betroffenen anhört, als eines der schlimmsten und – weil vom Gesetzgeber ohnehin anders gewollt – unnötigsten Übel im Zusammenhang mit geistlichem Missbrauch in der Kirche erscheinen. Es stellt sich die Frage, warum die kirchliche Obrigkeit nicht konsequenter gegen diese offensichtlich missbräuchlichen Praktiken vorgeht, die ihr seit Jahrzehnten bekannt sind und von Betroffenen immer wieder zur Anzeige gebracht werden.

5.3 Wie das Kirchenrecht spirituelle Selbstbestimmung einschränkt

Leider findet sich im Kirchenrecht auch die Unterordnungslogik wieder, denn das Kirchenrecht teilt die Kirchenglieder in zwei grundverschiedene Gruppen ein, die in einem eindeutigen Über- bzw. Unterordnungsverhältnis zueinander stehen. Unten stehen die „normalen" Getauften: Kinder, Frauen, Männer, die auch als „Laien" bezeichnet werden. Oben stehen die zu Priestern geweihten Männer, die Kleriker. Diese beiden Gruppen werden vom Kirchenrecht ganz verschieden behandelt. Während es die Laien als weitgehend passive Masse betrachtet, die keine nennenswerten Mitspracherechte besitzt, sind die Kleriker die eigentlichen Hauptpersonen des Kodex: Sie sind Christus gleichgestaltet, handeln *in persona Christi* (c. 900 § 1) und haben die Aufgabe, die Laien zu belehren, kultisch zu versorgen und zu leiten (c. 375 § 2; c. 519). Ihre Weihegewalt macht sie fähig, den Laien die sakramentalen Gnadenmittel auszuteilen, und zwar unabhängig von der moralischen Qualität ihrer eigenen Lebensführung (*ex opere operato*).[30] Die Laien sind für ihre persönliche Glaubenspraxis auf diese von den Klerikern bereitgestellten Gnadenmittel angewiesen, vor allem auf die Eucharistie, die Quelle und der Höhepunkt allen kirchlichen Lebens.[31] Ohne Priester keine Eucharistie (cc. 899–900). Daher sind Priester für die Kirche lebensnotwendig und unersetzbar.[32] „Kirche ohne Laien? Möglich. Ohne Priester? Unmöglich."[33]

Aber nicht nur das: Auch alle Leitungsgewalt ist laut Kirchenrecht Klerikern vorbehalten (c. 519 in Verbindung mit c. 521 § 1). Und die Leitung der Kirche ist global im Amt des Papstes als absolutem Wahlmonarchen (cc. 331–333) und vor Ort im Amt des Diözesanbischofs gebündelt (c. 381 in Verbindung mit c. 391 § 1). Es gibt keine Gewaltenteilung. Zwar dürfen Laien mit ihren Bedenken und Vorschlägen an ihre Pfarrer und Bischöfe herantreten, aber sie müssen das unbedingt mit Ehrfurcht tun und sind gehalten, ihnen unter Strafandrohung bei Zuwiderhandeln zu gehorchen (c. 212 in Verbindung mit cc. 750–754, 1364, 1371), während umgekehrt Kleriker ausschließlich anderen Klerikern unterstellt sind, keinerlei Legitimierung durch Laien bedürfen und von Laien zwar angezeigt, aber in keiner Weise belangt werden können (vgl. cc. 273–275).[34]

Dieses gesetzlich untermauerte und offenbar gewollte Machtungleichgewicht begünstigt geistlichen Missbrauch, weil es eine Kultur schafft, in der Kleriker geneigt sein können, sich wie selbstverständlich Zugriff auf das Seelenleben der Gläubigen anzumaßen, während Gläubige es nicht wagen, diesen Zugriff mit Verweis auf ihre innere Freiheit und spirituelle Autonomie zurückzuweisen.

Zudem sind auch die Kanones, die die innere Freiheit schützen sollen, nicht selten mit salvatorischen Klauseln versehen, die von Tätern zur Legitimierung geistlichen Missbrauchs benutzt werden können. Auch hier haben also die freiheitliche und die autoritäre Tradition oft im selben Kanon ihre Spuren hinterlassen. Im oben schon zitierten c. 630 § 5 heißt es beispielsweise nicht nur, dass es Oberen verboten ist, Mitglieder ihres Instituts irgendwie dazu zu bringen, ihnen ihr Gewissen zu eröffnen, sondern es heißt auch: „Die Mitglieder sollen sich vertrauensvoll an ihre Oberen wenden, denen sie ihren Seelenzustand frei und von sich aus eröffnen können." Der Münsteraner Kommentar hält den Sinn dieser Empfehlung für „nicht einsichtig" und kritisiert: „Muss der

Seelenführer ausgerechnet der Obere sein? Besitzen Obere und Untergebene in ihrem Verhältnis von Über- und Unterordnung hierzu die nötige Unbefangenheit und innere Freiheit? Und kann nicht gerade der Obere hierdurch bei notwendig zu treffenden Entscheidungen in schwierige Situationen kommen? Wegen dieser Probleme hätte es m. E. der Codex besser unterlassen, eine solche Empfehlung auszusprechen, die sich eher schädlich auswirken kann."[35]

Es bleibt zu hoffen, dass die Kirche es schafft, sich selbst auf die Seite ihrer eigenen freiheitlichen Tradition zu stellen.

Vielleicht kann eine abschließende historische Randbemerkung diese zugegebenermaßen dürftige Hoffnung etwas stützen: Der Anspruch der römischen Kirchenleitung, das „ordentliche Lehramt" zu sein, dominiert bekanntlich das heutige Verhältnis zwischen römischem Lehramt und abweichenden Lehrmeinungen von katholischen Theologen und Theologinnen weltweit. So sehr, dass wir, wenn wir „Lehramt" hören, ganz automatisch an das römische Lehramt, die Glaubenskongregation und diesen Autoritätsanspruch denken. Da mag es guttun, sich nicht nur daran zu erinnern, dass es in der Kirche immer verschiedene Lehren und Lehrmeinungen gegeben hat, sondern sich auch in Erinnerung zu rufen, dass nicht einmal die Formulierung dieses römischen Anspruchs älter als zweihundert Jahre ist. Er ist nämlich zum ersten Mal im Breve *Tua libenter* von 1864 formuliert worden.[36] Vor dem galoppierenden römischen Autoritarismus des 19. Jahrhunderts war dieser Anspruch keineswegs so stark, auch wenn Anhänger der autoritären Tradition das gerne glauben machen wollen. Wieso sollte es also nicht irgendwann auch ein Dokument geben, das wieder einen anderen, und zwar endlich wieder einen weniger autoritären Anspruch formuliert, wenn es um die „kirchliche Lehre" geht? Aber auch für die, die in diesem Punkt nicht so hoffnungsvoll sein mögen, könnte diese Randnotiz zumindest deutlich machen, dass die Austarierung des Einflusses von autoritärer und freiheitlicher Tradition, das komplexe Gefüge ihrer Gleichzeitigkeit, welches die Kirche immer gekannt hat, nicht in Stein gemeißelt, sondern einer *geschichtlichen Entwicklung* unterworfen ist. Das zumindest lässt hoffen, dass sich dieses Gefüge irgendwann vielleicht auch wieder zugunsten der freiheitlichen Tradition verschieben kann.

Literaturhinweise zu diesem Kapitel

Für einen Einblick in die jüngste theologische Debatte zum Thema: Karl-Heinz Menke, Macht die Wahrheit frei oder die Freiheit wahr?, 2017; und: Magnus Striet, Ernstfall Freiheit. Arbeiten an der Schleifung der Bastionen, 2018.

Rüdiger Althaus, Geistlicher Machtmissbrauch. Kirchenrechtliche Aspekte, in: Geist und Leben 91 (2018), 159–169.

Quentin de la Bedoyere, Autonomy and Obedience in the Catholic Church. The Future of Catholic Moral Leadership, 2003.

Maurice Bellet, Le Dieu pervers, 1979.

Ormond Rush, Inverting the Pyramid: The Sensus Fidelium in a Synodal Church, in: Theological Studies 78 (2017), 299–325.

Aus der Kunst: The Mission – ein Film von Roland Joffé, 1986.

6. Spirituellem Missbrauch vorbeugen

Wie eingangs schon gesagt, werde ich in diesem und dem folgenden Kapitel nur allererste Gedanken zu Vorbeugung und Nachsorge geistlichen Missbrauchs vorlegen. Ich habe keine fertigen Theorien und ausgearbeiteten Programme zu bieten. Ich würde sogar sagen, dass solche Theorien und Programme fragwürdig sein können, *solange* Seelsorger, Seelsorgerinnen und Verantwortungsträger in der Kirche sich mit geistlichem Missbrauch in seinen typisch katholischen Ausprägungen noch nicht tiefgehend befasst haben. *Erst kommt das Verstehen, dann kommt das Schreiben von Programmen.* Das Verstehen schließt, wenn es um Missbrauch geht, die Bereitschaft ein, sich mit den Opfern und ihren Erfahrungen zu befassen. Das tut weh und das braucht Zeit. Und erst wenn man sich diese Zeit genommen und dieses Leiden mit-ertragen hat, werden die anschließenden Überlegungen zu Präventions- und Nachsorgeprogrammen die Qualität haben, die sie haben müssen, wenn sie wirksam sein sollen. – Dennoch ist es auch jetzt schon sinnvoll, einige allererste Gedanken zu formulieren. Gedanken, die vielleicht gerade Betroffenen selbst helfen können.

Geistlicher Missbrauch wird am effektivsten durch spirituelle Handlungsfähigkeit verhindert. Das heißt, Menschen, die spirituell selbstbestimmt und handlungsfähig sind, sind am besten vor geistlichem Missbrauch geschützt. Das heißt aber auch, dass geistliche Begleiter dann zu einem guten Teil davor geschützt sind, spirituell übergriffig zu werden, wenn sie als Ziel ihrer Begleitung die spirituelle Handlungsmächtigkeit und Selbstbestimmung der Begleiteten haben. Und es heißt für leitende Amtsträger, dass sie ihr jeweiliges Institut

oder die jeweilige Ortskirche eher vor geistlichen Missbrauchstätern bewahren können, wenn sie deutlich und konsequent für die spirituelle Selbstbestimmung der Einzelnen in
ihrem Institut oder ihrer Ortskirche eintreten.

6.1 Für alle potentiell Betroffenen

Wer sich selbst oder andere vor geistlichem Missbrauch schützen will, tut das am besten, indem er für eine gut ausgebildete
spirituelle Handlungsfähigkeit sorgt und das Bewusstsein für
das Recht auf spirituelle Selbstbestimmung stärkt. Dazu gehört neben dem Besitz einer möglichst breiten Palette von spirituellen Ressourcen vor allem das Bewusstsein dafür, dass es
nicht nur *einen* Sinn des Lebens und nicht nur *ein* gültiges Set
von Geschichten, Begriffen und Ritualen gibt, sondern viele
und dass wir uns selbst die Geschichten, Begriffe und Rituale
suchen und schaffen dürfen, die uns tragen.

Dazu gehört natürlich für jemanden, der sich in der katholischen Kirche zu Hause fühlen will, eine gewisse Kenntnis und Fertigkeit im Umgang mit dem Schatz katholischer
Spiritualitäten. Wer diese besitzt, wird sich so leicht nicht erzählen lassen, dass es nur *eine* katholische Spiritualität und
nur *eine* „richtige" Form des Katholischseins gäbe: Wie viele
Gebetsformen gibt es in den vielen Ortskirchen, in der Bibel,
in der Kirchengeschichte! Wie viele Arten, Priester zu sein,
wie viele Formen des geweihten Lebens! Wie viele Gottesbilder! Wie viele Auffassungen darüber, was Kirche ist und ausmacht! Wie anders ist die Eucharistie in der Alten Kirche gefeiert worden als nach dem Tridentinischen Konzil oder
heute, wie verschieden wird sie im römischen, maroniti-
schen, melkitischen oder syro-malabarischen Ritus gefeiert,
in afrikanischen, amerikanischen oder europäischen Orts-

kirchen! Man benötigt nicht unbedingt ein tiefergehendes Wissen um Dogmen- oder Frömmigkeitsgeschichte: Es genügt relativ wenig Faktenwissen, um sich der Pluralität katholischer Spiritualitäten bewusst zu werden und sich damit ein gutes Stück weit immun zu machen gegen die Manipulationsversuche und Gewalt, die von spirituell totalitären katholischen Gruppen und Führern ausgehen.

Zum Schutz vor geistlichem Missbrauch gehört unter Umständen auch eine gewisse Auseinandersetzung mit geistlichem Missbrauch sowie mit der Logik und Attraktivität des autoritären spirituellen Modells: Unterordnung kann anziehend sein, gerade für junge Menschen. Zu „beweisen", dass sie falsch ist, ist ein schwieriges Unterfangen, wenn man jemanden vor sich hat, der dieser Logik schon verfallen ist. Wenn etwas eine verführbare Seele abschrecken kann, dann sind das vermutlich weniger offenbarungstheoretische Abhandlungen als vielmehr *die Konfrontation mit den Folgen* radikaler Unterordnung unter eine geistliche Autorität. Es gilt, sich diese Folgen vor Augen zu führen, sich mit den Geschichten von Opfern auseinanderzusetzen, um sich jenseits der gefühlten Geborgenheit, der gefühlten Gottesnähe, der schönen Musik und der strahlenden Gesichter, denen man in autoritären Systemen begegnen kann, darüber klarzuwerden, was radikale Unterordnung für das eigene Leben wirklich bedeutet und worauf man sich einlässt, wenn man dieser Logik folgt.

6.2 Für Begleiter und Begleiterinnen

Wie vermeiden Begleiterinnen und Begleiter es, spirituellen Missbrauch zu begehen? Ganz grundlegend scheint mir zu sein, dass sie selbst spirituell handlungsfähig sind und dass ihr Ziel in der Begleitung in nichts anderem besteht als darin, die spirituelle Selbstbestimmung und Handlungsfähigkeit der von ihnen begleiteten Menschen zu unterstützen. Das verhindert vor allem spirituelle Gewalt und ist eine ganz allgemeine Voraussetzung dafür, selbst keinen Missbrauch in der Begleitung zu begehen. Es ist aber nicht die einzige.

Ebenso wichtig ist es, sich der eigenen Möglichkeiten in der Begleitung bewusst zu sein, denn natürlich kann es vorkommen, dass der spirituelle Bedarf eines Menschen die Möglichkeiten eines Begleiters übersteigt, beispielsweise weil er die Erfahrungen und die Situation der Person nicht gut genug verstehen kann, weil er mit den von ihr genutzten Ressourcen nicht vertraut ist oder über keine passenden zusätzlichen Ressourcen verfügt, die er anbieten kann. Wenn ein Begleiter sich beispielsweise vor allem mit den Bedürfnissen von überlasteten Priestern, Ordensfrauen und hauptamtlichen kirchlichen Mitarbeitern auskennt und mit Ressourcen aus der ignatianischen und benediktinischen Tradition vertraut ist, ist er vielleicht mit einem jungen Konvertiten aus dem Islam oder dem Atheismus überfordert. Ein Jugendseelsorger kommt vielleicht an seine Grenzen, wenn er eine pensionierte Literaturwissenschaftlerin in einer Lebenskrise begleiten soll, und eine Ordensfrau kann einem jungen Mann in einer Ehekrise vielleicht nicht gut weiterhelfen. In solchen Situationen kommt es darauf an, dass Begleiter sich diese Überforderung auch ehrlich eingestehen. Ideal ist es, wenn sie die Personen außerdem an jemanden weitervermitteln, der in der Lage ist, ihnen hilfreiche spirituelle Ressourcen anzubieten. Kurz: Wer andere spirituell begleitet, sollte gut damit umgehen können, nicht jeden Menschen begleiten zu können. Er sollte darauf vorbereitet sein, die Personen, denen er nicht helfen kann, an andere, besser auf ihre spirituellen Bedürfnisse eingestellte Begleiter/innen zu verweisen. So verhindert er, dass er Menschen spirituell vernachlässigt.

Aber wie verhindert man, dass man – vielleicht ohne es zu merken – Menschen manipuliert?

Wer andere Menschen begleiten will, ohne sie zu manipulieren, der sollte sorgfältig auf die eigenen Emotionen achten: Was empfinde ich, wenn eine von mir begleitete Person ein von mir gemachtes Angebot zurückweist? Was empfinde ich, wenn sie mir mit leuchtenden Augen zuhört? Bin ich selbst innerlich frei gegenüber den Reaktionen der von mir begleiteten Menschen und kann ich sie frei lassen? Vor allem aber ist es notwendig, sich intensiv mit der eigenen Motivation in der geistlichen Begleitung auseinanderzusetzen, das heißt, man sollte sich ganz ehrlich die Frage stellen: Was gibt es mir, was habe ich davon, andere geistlich zu begleiten, und wo kommt meine Motivation vielleicht mit den Bedürfnissen der Begleiteten in Konflikt? Nur wer einem solchen möglichen Konflikt offen in die Augen sieht, hat eine Chance, diesen Konflikt auszuräumen, indem er an sich und den eigenen Bedürfnissen arbeitet und sich möglicherweise einen Ort außerhalb der geistlichen Begleitung sucht, um die Bedürfnisse, die in der Begleitung nur auf Kosten der Selbstbestimmung des Begleiteten gestillt werden können, woanders zu befriedigen – beispielsweise das eigene Bedürfnis nach Anerkennung, Nähe oder Gebrauchtwerden.

6.3 Für leitende Verantwortliche in Instituten und Diözesen

Wie verhindern Bischöfe und Ordensobere, dass in ihren Teilkirchen und Instituten geistlicher Missbrauch stattfindet oder sich sogar eine Kultur des geistlichen Missbrauchs entwickeln kann? Sie sollten zunächst einmal alles das beachten, wovon in den vorausgehenden beiden Abschnitten die Rede war: Sie sollten selbst spirituell gut versorgt und handlungsfähig sein.

Damit verhindern sie, dass sie selbst Opfer geistlichen Missbrauchs werden und sie erschweren es Missbrauchstätern, die
sich in ihrem Verantwortungsbereich niederlassen und ihren
Schutz genießen wollen, sie zu manipulieren. Sie sollten sich
selbst auch als geistliche Begleiter anderer gut kennen, sich
mit ihren eigenen Emotionen und Bedürfnissen auseinandersetzen und dafür Sorge tragen, dass sie die Bedürfnisse, die
sie in ihrer Amtsausübung nur auf Kosten anderer stillen können, woanders stillen, beispielsweise in persönlichen Freundschaften, in Musik, Kunst oder im Sport. So stellen sie sicher,
dass sie zwischen ihrer persönlichen Spiritualität, ihren eigenen spirituellen Ressourcen und Bedürfnissen und ihrer pastoralen Verantwortung unterscheiden, und vermeiden, dass sie
anderen Menschen in ihrem Verantwortungsbereich ihre eigene Spiritualität überstülpen oder ihre Bedürfnisse auf Kosten
der Bedürfnisse anderer stillen.

In ihrem Verantwortungsbereich sollten sie dafür sorgen, dass auch spirituelle Ressourcen, die ihnen persönlich
nicht zusagen, für Menschen zugänglich sind, die diese brauchen. Sie sollten sicherstellen, dass es ein vielfältiges spirituelles Angebot gibt und dass die spirituellen Bedürfnisse der
Menschen in ihrer Ortskirche wahr- und ernst genommen
werden. Dazu gehört es auch, eine Kultur der Abwertung
oder Idealisierung einzelner Spiritualitäten, die bisweilen in
der pastoralen Praxis oder auch schon in der seelsorglichen
Ausbildung wachsen kann, wirksam zu unterbinden.

Darüber hinaus sollten sie in ihrem jeweiligen Verantwortungsbereich eine Kultur der spirituellen Selbstbestimmung schaffen und pflegen. Das heißt, sie sollten sich als Hirten nicht nur selbst konsequent geistlicher Übergriffigkeit
enthalten, sondern auch gegenüber ihren pastoralen Mitarbeitern ganz deutlich machen, dass alle seelsorglich begleiteten Menschen in der Diözese oder im Institut spirituell

selbstbestimmt leben dürfen und die Seelsorger und Seelsorgerinnen den Auftrag haben, sie darin zu unterstützen. Je deutlicher ein leitender Verantwortlicher das in seiner eigenen Amtsführung macht, desto sicherer kann er sein, dass Missbrauchstäter gar nicht erst versuchen werden, sich in seinem Verantwortungsgebiet niederzulassen.

Das mit Abstand wichtigste – und das zugleich grundlegendste – Werkzeug in der Hand von leitenden kirchlichen Amtsträgern ist die konsequente Einforderung, Anwendung und Umsetzung derjenigen kirchenrechtlichen Normen, die die spirituelle Selbstbestimmung schützen. Insbesondere Ortsordinarien dürfen diesbezüglich keine Scheu haben. Sie müssen bereit sein, ihre Amtsgewalt in der Leitung ihrer Diözese auch dazu wahrzunehmen, nachweislichen Tätern oder spirituell totalitären Gemeinschaften seelsorgliche Aufgaben in ihrem Bistum zu entziehen. Zwar gehört es zu den Strategien spirituell missbräuchlicher Gemeinschaften, sich der Gewalt von Ortsbischöfen tendenziell zu entziehen, beispielsweise indem sie Rechtsformen wie die Personalprälatur oder die Päpstliche Anerkennung anstreben, dennoch besitzt der Ortsbischof eine Schlüsselrolle, wenn es um die Ermöglichung oder Verhinderung von geistlichem Missbrauch in seinem Bistum geht: Es obliegt nämlich allein dem Ortsbischof, die Verteilung seelsorglicher Aufgaben in seinem Bistum zu regeln. Ein Bischof muss Täter weder zu Pfarrern noch zu pastoralen Mitarbeiterinnen machen noch ihnen erlauben, in seinem Bistum Beichten entgegenzunehmen oder Religionsunterricht zu erteilen. Und, sollte er solche Erlaubnisse einmal erteilt haben, kann er sie einer Person, die sich des geistlichen Missbrauchs schuldig gemacht hat, auch wieder entziehen. Er muss es sogar, weil er die pastorale Letztverantwortung in seiner Diözese innehat und sich mitschuldig macht, wenn er Täter gewähren lässt. *Es gilt vor Augen zu haben, dass ein Missbrauch kein Zufall und kein Unfall ist.* Ganz im Gegenteil: Ein Missbrauchstäter wird, wenn er nicht gehindert wird, immer versuchen, das ganze System um ihn herum, seine Pfarrei, seine Seelsorgeeinheit, sein Ausbildungshaus, seine Gemeinschaft, sein Bistum, in seiner Missbrauchslogik zu formen, und ein einmal so geprägtes System erzeugt dann weitere Täter.

Schließlich sollten leitende Verantwortliche eine Sorgfaltspflicht an den Tag legen, wenn es um die Prävention und die Verfolgung von geistlichem Missbrauch in ihrem Verantwortungsbereich geht. Sie müssen sich bewusst machen, dass es ohne eine vernünftige Verfolgung der Täter und ohne eine angemessene Wiedergutmachung für die Opfer keine vernünftige Prävention geben kann. Dazu im folgenden Kapitel noch ein paar Sätze mehr. Sie sollten unabhängige, kompetente und fachlich erfahrene Personen mit der Erforschung von Täterstrategien und -bedürfnissen sowie mit der Erarbeitung wirksamer Präventionsprogramme beauftragen und für deren Umsetzung Sorge tragen. Sie sollten Beauftragte ernennen, die sich um einschlägige Fortbildungsprogramme für pastorale Mitarbeiter/innen kümmern, und solche, die als Ansprechpartner für Opfer fungieren. Verdachtsfällen sollte auf den Grund gegangen und Opfern Gehör geschenkt werden. Die Präventionsarbeit sollte ebenso wie der Umgang mit Tätern und Opfern gut dokumentiert und regelmäßig überarbeitet und verbessert werden.

Literaturhinweise zu diesem Kapitel

Jörg M. Fegert, Ulrike Hoffmann, Elisa König, Johanna Niehues, Hubert Liebhardt (Hg.), Sexueller Missbrauch von Kindern und Jugendlichen. Ein Handbuch zur Prävention und Intervention für Fachkräfte im medizinischen, psychotherapeutischen und pädagogischen Bereich, 2015.

Klaus Kießling (Hg.), Geistliche Begleitung: Beiträge aus Pastoralpsychologie und Spiritualität, 2010.

Peter Köster, Einführung in die geistliche Begleitung. Eine Orientierung für Begleiter und Begleiterinnen, 2002.

Pastoralkommission der deutschen Bischöfe, ... und Jesus ging mit ihnen. Der kirchliche Dienst der Geistlichen Begleitung, 2014. Online zugänglich unter: https://www.dbk-shop.de/media/files_public/pvrwbnwrcsu/DBK_1239.pdf.

Klemens Schaupp, Gott im Leben entdecken. Einführung in die geistliche Begleitung, 1994.

Spiritual Directors International, Rahmenrichtlininen für ethisches Verhalten in der geistlichen Begleitung. Online zugänglich unter: http://www.sdiworld.org/sites/default/files/publications/German-Guidelines-final.pdf.

7. Nach dem Missbrauch spirituelle Freiheit zurück-gewinnen und dabei helfen

Am Ende dieses Buches sollen einige Gedanken dazu stehen, wie Opfer geistlichen Missbrauchs wieder zu spiritueller Selbstbestimmung und Handlungsfähigkeit zurückfinden können. Dabei geht es nicht nur um das Erringen von Selbstbestimmung, sondern vor allem auch um das Heilen von und das Leben mit Wunden, um eine spirituelle Entgiftung, ohne die die Betroffene ihren Tätern auch nach einer äußeren Befreiung – beispielsweise dem Ausscheiden aus einer autoritären Bewegung oder der Beendigung einer missbräuchlichen Begleitung – ausgeliefert bleiben. Die giftigen Ressourcen, die sie in sich aufgenommen haben, müssen als solche erkannt und unschädlich gemacht werden. Die Wunden, die ihnen geschlagen worden sind, müssen gereinigt und verbunden werden, und gute, gesunde neue Nahrung muss die Nährstoffe liefern, ohne die der Heilungsprozess nicht gelingen kann.

7.1 Für Betroffene

Wer geistlichen Missbrauch erlebt hat, ist sich dessen meist nicht bewusst. Viele Opfer brauchen lange, sehr lange, bis sie begreifen, dass ihnen Gewalt angetan wurde, dass sie durch die Schuld anderer vielleicht viele Jahre hilf- und sinnlos durchs Leben gegangen sind, genötigt wurden, ihrem Leben einen Sinn zu geben, unter dem sie gelitten haben, und sich einer spirituellen Autorität unterzuordnen, von der sie womöglich in mehrfacher Hinsicht ausgebeutet wurden. Das liegt daran, dass es Teil des erlittenen Missbrauchs ist, die Opfer glauben zu machen, es gebe nur diese eine Wahrheit, in der sie eben leben mussten, und was ihnen geschehen ist, sei entweder normal oder aber es sei ihr persönliches Versagen, nicht mit dieser Wahrheit leben zu können.

Die Befreiung beginnt daher auch in den seltensten Fällen mit der Erkenntnis, dass man Opfer eines Missbrauchs geworden ist. Sie beginnt wesentlich häufiger anders, beispielsweise mit dem Zugang zu alternativen spirituellen Ressourcen. Jemand, der einer anderen Art zu beten oder einem anderen Gottesbild oder einem anderen Sinn des Lebens begegnet und intuitiv erfasst, dass auch diese Alternativen möglich sind, dass sie ihre Berechtigung haben und dass sie vielleicht sogar besser zum eigenen Leben passen, hat den ersten Schritt in Richtung Selbstbestimmung getan. Befreiung kann auch mit dem Eingeständnis des eigenen Leids beginnen und mit dem dumpfen Gefühl, dass dieses Leid eigentlich nicht sein müsste, dass es nicht notwendig oder nicht richtig ist oder dass es so nicht von Gott gewollt sein kann. Ein besonderes erstes Moment der Befreiung kann auch dadurch zustande kommen, dass ein Täter, nachdem er schon viele Grenzen überschritten hat, eine weitere Grenze zu überschreiten versucht, aber diesmal eine, die die betroffene Person verteidigen kann. Eine solche Grenze kann beispielsweise dort liegen, wo ein Täter ein Opfer zum Mittäter machen möchte: Ein spirituell missbrauchter Mensch soll gezwungen werden, einen anderen spirituell zu manipulieren oder ihm Gewalt anzutun. Was ihm als Opfer nicht als Missbrauch erschienen ist, steht ihm jetzt, wo er es selbst tun soll, deutlich als Missbrauch vor Augen und er spürt, dass er das einem anderen nicht antun darf – und das kann der Anfang seiner eigenen Befreiung sein.

Vielleicht finden sich unter den Lesern und Leserinnen dieses Buches Menschen, die an diesem Punkt stehen. Diesen Menschen möchte ich hier gleichsam unter vier Augen sagen:

Was auch immer der erste Schritt zu *deiner* Befreiung war: Geh genau von dort aus weiter. Wenn du verbotenerweise angefangen hast zu lesen, dann lies weiter! Wenn du angefangen hast zu reden, rede weiter! Wenn du angefangen hast, heimlich wieder Tagebuch zu schreiben oder Musik zu hören oder Filme zu sehen: Lass dir das nicht wieder nehmen! Fange wieder an, dir selbst zu glauben, deinem Verstand, deinem Gefühl, auch wenn du von Skrupeln geplagt wirst. Traue dich zu fühlen. Auch wenn es zunächst vielleicht einfach nur Schmerz und Einsamkeit und Trauer ist, was du fühlst: Fühl genau hin. Sag dir: Ja, das fühle ich. Das tut weh. Es tut einfach weh. Und habe den Mut, die wohlklingenden Deutungen, die dir dazu aufgenötigt werden, zurückzuweisen, sei es erst einmal nur für dich selbst. Oder wenn du etwas fühlst, was sich gut anfühlt, was schön ist, was dich glücklich macht, dann traue dich, dieses Glück zu fühlen, auch wenn dir gesagt wird, es wäre böse oder schlecht oder eine Sünde. Wenn du dich glücklich fühlst, dann traue deinem Gefühl. Sage dir: Es ist schön. Es ist einfach nur schön. Traue dich zu denken. Und wenn dir etwas unsinnig vorkommt, dann erlaube dir, auch zu denken, dass es unsinnig ist. Sag dir: Das macht ja keinen Sinn. Es macht keinen Sinn. Und höre auf, diese Einsicht von den klug klingenden Wörtern der anderen verkleistern zu lassen. Und umgekehrt, wenn dir etwas logisch erscheint, wenn du fühlst, dass die Einwände deines Umfeldes nicht valide sind, dass sie deine Einsicht nicht erschüttern können, dann lass dich auch nicht erschüttern. Halte deine Erkenntnis fest. Lass dich nicht von Scheinargumenten beeindrucken, sondern bleibe bei dem, was dein Verstand dir sagt. Denke daran, dass, wenn es Gott gibt, dein Gefühl und dein Verstand Geschenke deines

Schöpfers sind. Sie sind dein direktester Weg zu ihm. Ohne sie findest du ihn ganz sicher nicht.

Wenn du den ersten Schritt gemacht hast, wenn du auf halbem Wege stehst und nicht weißt, wohin der Weg geht: Hab keine Angst. Bleib, wo du bist, wo du dich für diesen Moment (noch) sicher fühlst und Boden unter den Füßen hast, und hebe den Blick. Traue dich, da, wo du jetzt stehst, dir dein Leben anzusehen und dich auf die Suche nach anderen Worten dafür zu machen, nach anderen Geschichten und Möglichkeiten. Frage dich: Wer bin ich? Wer ist Gott? Und steige – und sei es nur für einen Moment – aus den vorgefertigten Antworten aus, die sich aufdrängen, weil sie dir so viele Male vorgekaut worden sind. Hab den Mut, die Unsicherheit auszuhalten, die es bedeutet, keine Antwort zu haben, und warte, bis sich etwas einstellt, ein Bild, ein Wort, ein Gefühl, womit du weitergehen kannst. Respektiere die Angst, die du hast, und gehe nicht weiter, als du dich traust. Geh einfach genau so weit, wie du dich traust. Bleib da stehen und mach dir dann eines bewusst: Ich habe mich bewegt. Ich lebe. Und gehe weiter, sobald du weitergehen kannst.

Nach und nach wirst du lernen zu unterscheiden, was *du* fühlst und was du nur meinst zu fühlen, was *du* denkst und was du nur ständig wiederholst, weil es dir so oft gesagt worden ist. Du wirst wieder wissen, wer du bist, und wirst dich von der Person unterscheiden können, die man aus dir gemacht hat. Und irgendwann wirst du fähig sein, diese Hülle abzulegen und wieder ganz du zu sein.

Wenn du dann betest, dann wirst es du sein, der betet. Wenn du dann liebst, wirst es du sein, *du*, du wirst *lieben*. Und wenn dich dann jemand liebt, wird er dich lieben, *dich*. Und wenn du dann redest, wirst du es sein, die spricht. Du wirst lachen und denken und fühlen und weinen und beten. Du. Und dann erst wirst du auch vor Gott stehen, du. Vor deinem Gott, wenn es ihn gibt, wenn du ihn findest. Und erst dann wirst du auch den Weg zu Menschen finden, die auf dich warten, auf dich, weil sie *dich* brauchen. Erst dann. Der Tag kommt, wenn du deinen Weg gehst. Geh ihn langsam. Lass dir Zeit dabei und hab Geduld mit dir und suche Menschen, die mit dir gehen und die Geduld mit dir haben.

7.2 Für Begleiter und Begleiterinnen

Begleiter und Begleiterinnen müssen zuallererst darauf gefasst sein, dass niemand mit dem Satz in die Begleitung kommen wird: Ich habe geistlichen Missbrauch erlebt und möchte das gerne mit Ihrer Hilfe aufarbeiten. Denn an dem Punkt, an dem Menschen diesen Satz sagen können, haben sie ihren Missbrauch in aller Regel schon weitgehend aufgearbeitet und stehen ganz am Ende des geistlichen Weges, den sie vielleicht noch vor sich haben, bis sie ganz entgiftet sind und sich selbst spirituell gut versorgen können.

Viele Opfer geistlichen Missbrauchs werden vermutlich zunächst einmal gar nicht in die geistliche Begleitung kommen. Denn der Punkt, an dem sie spüren, dass sie überhaupt geistliche Begleitung brauchen und dass geistliche Begleitung für sie sicher, erlaubt und sinnvoll sein kann, ist ebenfalls ein Punkt, an dem sie schon ein gutes Stück Heilungsprozess hinter sich haben. Das heißt aber nicht, dass Opfer geistlichen Missbrauchs Seelsorgern und Seelsorgerinnen gar nicht begegnen würden. Sie werden ihnen aber nicht unbedingt zuerst in dem Rahmen begegnen, in dem andere Menschen Begleitung suchen. Sie kommen vielleicht in die Beichte oder sie suchen das unverbindliche persönliche Gespräch nach der Messe. Und sie kommen ziemlich sicher nicht mit der Aussage, dass sie geistlichen Missbrauch erlebt haben und Hilfe brauchen, sondern sie kommen vielleicht mit einem großen Berg von Skrupeln, Scham, übertriebener Frömmigkeit, einer Mischung aus Aufdringlichkeit und Unzugänglichkeit und merkwürdigen Ansichten und sie suchen vielleicht keine geistliche Hilfe, sondern die Absolution oder sie versuchen, den Pfarrer oder die Pastoralreferentin von irgendetwas zu überzeugen, oder sie suchen einfach nur menschliche Nähe und Trost oder sie schweigen Sie beharrlich an.

Wenn ein Opfer geistlichen Missbrauchs ganz am Anfang steht, ist die Begleitung am schwierigsten. Gerade in dieser Phase sollte niemand diese Begleitung übernehmen, der sich das nicht zutraut, beziehungsweise man sollte nicht mehr tun, als man sich zutraut. In dieser Phase ist es unabdingbar, weitere Personen mit anderen Kompetenzen zur Unterstützung der betroffenen Person heranzuziehen, denn in diesem Moment benötigt sie ziemlich sicher nicht nur geistliche Begleitung, sondern vielleicht auch eine Unterkunft, um ihre missbräuchliche Gemeinschaft verlassen zu können, und eine Finanzierung, um unabhängig leben zu können. Gefragt ist dann also jemand, der sich mit Behörden auskennt und der hilft, entsprechende Anträge zu schreiben. Vielleicht braucht diese Personen auch einen neuen Job oder eine Ausbildung oder eine Arbeitsunfähigkeitsbescheinigung. Vielleicht braucht sie einen Rechtsbeistand. Vielleicht benötigt sie auch ärztliche Betreuung und ziemlich sicher braucht sie psychotherapeutische Hilfe und neue soziale Kontakte.

Zugleich gilt es, gerade in dieser Phase, unendlich behutsam zu sein. Das erste Gebot ist Zurückhaltung. Machen Sie sich bewusst, dass diese Menschen im Innersten verletzt worden sind und viele lebensbeeinträchtigende Wunden haben. Sie können nicht gut vertrauen. Sie fühlen sich ohne ihre vermeintliche „geistliche Heimat" und ohne ihren „geistlichen Führer" wahrscheinlich unendlich alleine und aufgeschmissen und suchen intuitiv wieder so eine „Heimat" und so einen „Führer". Als geistlicher Begleiter ist es dann zunächst einmal Ihre Aufgabe, diesem Menschen zu signalisieren: Ich trete dir nicht zu nahe. Ich überschreite bei dir keine Grenzen, auch wenn du das vielleicht möchtest. Geben Sie ihm ein Gefühl für seine Grenzen und für sein inneres Selbst. *Seien sie immer transparent.* Sagen Sie ruhig: Ich habe den Eindruck, es geht Ihnen nicht gut. Schlagen Sie eine Psychotherapie vor, ein Gespräch mit einer Sozialarbeiterin, einen Gang zum Arbeitsamt. Auch wenn das zurückgewiesen wird, ist eines bei diesem Menschen angekommen: Ich werde gesehen. Mein Leid wird gesehen und jemand, der es irgendwie gut mit mir meint, hat mir etwas vorgeschlagen – etwas, woran ich selbst nicht denken würde. Vielleicht sucht dieser Mensch später Ihre Hilfe, vielleicht macht er später tatsächlich eine Therapie. Vielleicht kann er jetzt gar keine machen, weil er vor anderen Menschen viel zu viel Angst hat, gerade vor Vier-Augen-Gesprächen, denn wahrscheinlich hat ein Großteil seines Missbrauchs in Vier-Augen-Gesprächen stattgefunden. Vielleicht hat er auch zu sehr den Lehrsatz seiner ehemaligen spirituellen Führer verinnerlicht, dass diese Welt mit ihren Institutionen und Behörden, ihren Gesetzen und Universitäten vom Bösen durchsetzt, verdorben und gefährlich ist. Kurz: Am Anfang gilt es vor allem abzuwarten. *Abzuwarten bis zu dem Punkt, an dem die Person zu Ihnen kommt, um zu erzählen, was sie erlebt hat.*

Wenn ein Opfer geistlichen Missbrauchs anfängt zu erzählen, ist die wichtigste Phase des Befreiungsprozesses eingeläutet. Dann sollten Sie als geistlicher Begleiter oder als geistliche Begleiterin vor allem eines tun: zuhören. Seien Sie sich immer bewusst, dass diese Person nicht nur Ihnen erzählt, sondern *zuallererst sich selbst.* Sie setzt sich mit ihrer Vergangenheit auseinander und Sie bieten den Rahmen, in dem diese Person das zu tun wagt. Bei Ihnen fühlt Sie sich offenbar so sicher, dass sie das tun kann. Vermutlich wird sie lange nicht von Missbrauch sprechen, sondern vielmehr von Schuld und Scheitern, von ihrem persönlichen Versagen, davon, dass sie nicht gut genug war oder ist. Wahrscheinlich schwärmt sie auch nach wie vor von den geistlichen Autoritäten, denen sie gefolgt ist oder noch folgt. Korrigieren Sie dann bitte nicht, sondern hören Sie zu. Beschränken Sie sich anfangs darauf, sie in ihrer Scham und ihrem Schuldgefühl nicht noch zu bestärken, und achten Sie auf den Moment, an dem sie ihre ehemalige Spiritualität und die geistlichen Autoritäten, denen sie gefolgt ist oder noch folgt, in Frage stellt. *Dieser Moment ist sehr wichtig.* Verpassen Sie ihn nicht, aber beschränken Sie sich auch in diesem Moment darauf, ihr bewusst zu machen, dass sie da etwas in Frage gestellt hat. Wiederholen Sie einfach den Satz, den sie gesagt hat. Wenn die Person diesen Satz dann relativieren möchte, sagen Sie ihr: Sie müssen das nicht relativieren. Sagen Sie das ruhig genauso, wie Sie das eben gesagt haben. Sie dürfen das. Und haben Sie als Begleiter keine Scheu, sich deutlich auf die Seite des Begleiteten zu stellen, jede Tätersolidarität aufzukündigen und gerade dann an der Seite des Opfers zu stehen, wenn es beginnt, die Menschen anzuklagen, die es geistlich missbraucht haben.

Die Phase des Erzählens kann lange dauern, sehr lange. Es können Jahrzehnte sein. Aber in dieser Phase geschieht das Wesentliche: Das Opfer wird sich nach und nach bewusst, dass es Opfer ist, dass es geistlichen Missbrauch erlebt hat, dass es giftige spirituelle Ressourcen in sich trägt und dass es sich ihrer entledigen darf. Von der Begleitung braucht es dabei kontinuierlich das Gefühl der Sicherheit: Ich tue dir nichts. Ich glaube dir. Ich respektiere deine Wahrnehmung, deine Grenzen und deine Bedürfnisse. Und es braucht die Erlaubnis, frei sein und sich selbst vertrauen zu dürfen. So gewinnt die Person Stück für Stück Selbstsicherheit zurück. Dieser Aspekt, nennen wir ihn einmal die psychische Rekonstruktion oder das Wiedergewinnen von Selbstwirksamkeit, kann dann, sobald die Person bereit ist, sich einer Therapie anzuvertrauen, besser und anders von einem ausgebildeten Psychotherapeuten übernommen, vertieft und fortgeführt werden.

Es gibt allerdings *ein zentrales Moment* in der geistlichen Begleitung von Opfern spirituellen Missbrauchs, das ein Psychotherapeut beim besten Willen nicht übernehmen kann und ohne das ein Opfer kaum zu spiritueller Selbstbestimmung und Handlungsfähigkeit zurückfindet: *die spirituelle Entgiftung und das Erschließen gesunder spiritueller Nahrungsquellen.* Das ist im Kern Ihre Aufgabe als Seelsorger oder Seelsorgerin.

Wenn der Heilungsprozess so weit fortgeschritten ist, dass die begleitete Person sich mit den giftigen Ressourcen auseinandersetzt, die sie sich angeeignet hat, dann gilt es, diese Giftigkeit in den Blick zu nehmen und die entsprechende Ressource durch eine andere zu ersetzen. Wenn eine Person beispielsweise ein dualistisches Menschenbild verinnerlicht hat, demzufolge die Seele „rein" und „heilig", der menschliche Körper und insbesondere seine sexuellen Triebe „schmutzig" und „sündig" sind, und wenn sie das mit der paulinischen Geist-Fleisch-Dichotomie in Verbindung bringt und sich auf diese Vorstellung verpflichtet fühlt, weil es ja in der Bibel steht und Paulus das so gelehrt hat, dann gilt es, mit ihr die Bibel aufzuschlagen, bei Paulus nachzulesen und sie – in einer für sie zugänglichen Weise – zu einer textkritischen Lektüre eben dieser Stellen zu befähigen, um ihr zu zeigen: Das steht da gar nicht, im Gegenteil: Es gibt allen Grund zur Annahme, dass Paulus hier gerade der menschlichen

Freiheit das Wort redet und bestimmten Vorstellungen von Reinheit und Unreinheit widerspricht. Wenn jemand eine starke Selbstverleugnungsspiritualität verinnerlicht hat und sich darin vom Bild des ans Kreuz geschlagenen Heilandes gefangen fühlt, dann betrachten Sie mit dieser Person den Gekreuzigten und versuchen Sie mit ihr, einen anderen Blick auf dieses Bild zu finden, ihm (auch) eine andere Bedeutung zu geben. Haben Sie keine Angst vor der Frage: Was bedeutet es, dass Jesus am Kreuz gestorben ist? Auch da können textkritische Zugänge helfen. Vielleicht überfordern sie aber auch. Vielleicht hilft etwas ganz anderes. Achten Sie sorgfältig auf die Signale, die von der Person ausgehen, und auf die Wege, die sie von selbst einschlägt. Wie genau die Entgiftung aussieht, hängt stark von der begleiteten Person ab – und von Ihren Möglichkeiten. Denken Sie aber bitte daran, die Person an jemand anderen zu verweisen, wenn Sie merken sollten, dass Sie bei diesem Aspekt nicht auf die Weise weiterhelfen können, wie es Ihr Gegenüber braucht.

Ein ebenso wichtiger Aspekt wie die Entgiftung ist die Erschließung neuer spiritueller Ressourcen. Hierfür brauchen Sie ein eigenes Repertoire an spirituellen Ressourcen, die Sie anbieten können. Womöglich brauchen Sie auch Kontakte zu anderen Seelsorger/inne/n, die über ein anderes Repertoire verfügen, das für die betreffende Person auch in Frage kommen könnte, und Sie brauchen das Wissen, welche Quellen Sie in Form von Büchern, Filmen, Exerzitien empfehlen können. Was die begleitete Person aber vor allem von Ihnen braucht, ist überhaupt erst einmal der *Vorschlag, sich neue spirituelle Ressourcen zu suchen*, und die *Rückversicherung, dass sie das darf*. Besonders für Opfer, denen im Missbrauch das Suchen und Nutzen alternativer spiritueller Ressourcen verboten war, kann das anfangs eine Herausforderung sein. Es ist gut möglich, dass sie – wie Anna im Beispiel aus dem vierten Kapitel in Bezug auf liturgischen Tanz – ein inneres Verbot im Blick auf bestimmte Ressourcen aufgebaut haben. In so einem Fall kann es sein, dass geistliche Begleitung darin besteht, den Begleiteten buchstäblich an der Hand zu nehmen und etwas mit ihm auszuprobieren, etwas zu wagen, sodass er, auch wenn ihm zuerst die Knie zittern und die Hände feucht werden, weil es sich so verboten anfühlt, das Gefühl zulassen und ihm trauen kann, dass er das jetzt will, dass er das darf und dass es genau das ist, was zu ihm und seiner Gottesbeziehung passt. – Dann braucht die Person auch die Rückversicherung, dass sie etwas auch verwerfen darf, wenn es nicht zu ihr passt. Und nicht zuletzt braucht sie auch die Zusage, dass sie spirituelle Ressourcen, die sie mit dem Missbrauchsgeschehen assoziiert, auch verwerfen darf, selbst wenn sie als Höhe- und Mittelpunkt des kirchlichen Lebens gelten. Dann sagen Sie ihr: Sie müssen nicht in die Messe gehen! Sie müssen das nicht tun. Wenn Sie in der Messe Panik bekommen, dann müssen Sie da nicht hingehen. Vielleicht ist es aber auch gar nicht die Messe, sondern der Stuhlkreis, das freie Gebet oder das Hören von geistlichen Vorträgen. Was auch immer es ist: Opfer von geistlichem Missbrauch brauchen die Zusage, dass sie keine spirituellen Ressourcen nutzen müssen, die sie belasten.

7.3 Für leitende Verantwortliche in Instituten und Diözesen

Leitende Verantwortliche haben vor allem *eine* Aufgabe, wenn es darum geht, Opfern von geistlichem Missbrauch zu helfen: Sie müssen in ihrer Position als Bischöfe, Ordensobere, Generalvikare, Bischofsvikare, Kurienmitarbeiter, Visitatoren *von institutioneller Seite Verantwortung übernehmen.*

Das heißt, sie müssen dafür sorgen, dass dem Opfer, wenn es so weit ist zu sprechen, auch von institutioneller Seite zugehört wird, dass seine Aussagen aufgenommen werden und dass der oder die Beschuldigte mit den Vorwürfen konfrontiert und der Sache auf den Grund gegangen wird. Und sie müssen die Taten, wenn sich die Vorwürfe als zutreffend erweisen, entsprechend ihrer Schwere sanktionieren. Zudem empfiehlt es sich zur Vorbeugung weiterer Fälle von geistlichem Missbrauch durch denselben Täter, die betreffende Person im Auge zu behalten und möglichst aus dem pastoralen Dienst zu entfernen, wenn keine begründete Hoffnung auf Besserung besteht.

Ohne eine solche systematische, opferfokussierte und konsequente Aufarbeitung des Missbrauchs hat im Übrigen auch Prävention nicht viel Sinn. Eine kirchliche Aufarbeitung von geistlichem Missbrauch, die sich energisch auf „Prävention" einschießt, ohne zuvor den Opfern wirklich zugehört zu haben, ohne ihre Geschichten verstanden zu haben, ohne die Täter zur Verantwortung und wo nötig aus dem pastoralen Dienst gezogen zu haben, wäre ein Schlag ins Gesicht für die Opfer, eine Hypothek für ihren Heilungsprozess. Ich habe oft erlebt, wie Opfer von geistlichem Missbrauch von den leitenden Verantwortlichen, an die sie sich gewendet haben, erneut geistlich missbraucht werden, indem ihnen eine Deutung des von ihnen erlittenen Missbrauchs und ihrer vermeintlichen „Pflichten" als Opfer aufgenötigt werden, die sie schwer verletzen. Da heißt es beispielsweise, der Täter leiste wertvolle Arbeit in der Pastoral und man entschuldige sich für sein in einigen Punkten „unsensibles" Verhalten, oder: man müsse Barmherzigkeit auch gegenüber dem Täter walten lassen, das wäre ja jetzt alles sehr schwer für ihn, oder: die Opfer sollten vergeben, um innerlich selbst zur Ruhe zu kommen ... Es ist schwer zu beurteilen, ob diejenigen, die aus einer Verantwortungsposition heraus so sprechen, wirklich selbst glauben, was sie da sagen. In jedem Fall ist es – angesichts der Schwere der Fälle und der in den meisten Fällen offensichtlichen Verletzung kirchlicher Normen und der hohen Wahrscheinlichkeit weiterer Taten – ein Beleg dafür, dass wer aus leitender Verantwortung heraus so spricht, sich weder dem, was geschehen ist, noch der Frage nach der eigenen Verantwortung dafür stellt. Wer so spricht, beweist, dass er kein Gespür für das Leid der Opfer besitzt, die in vielen Fällen jahrelang gerade wegen ihrem Vertrauen in kirchliche Autoritäten schwer gelitten haben, nicht selten psychisch krank oder gar suizidgefährdet waren oder noch sind und oft ein Leben lang an den Folgen leiden. Er zeigt nicht zuletzt, dass er nicht versteht oder verstehen will, dass es in seiner Möglichkeit *und Verantwortung* liegt, das Vergehen des Täters zu ermitteln und ihn dafür zur Rechenschaft zu ziehen, und dass das letztlich der einzige Weg ist, um die Kirche wirklich zu schützen: Sie muss nämlich vor den Tätern geschützt werden, vor Menschen, die Gläubigen Schaden zufügen, und nicht vor dem Sprechen derer, denen Schaden zugefügt worden ist.

Es kommt leider sehr selten vor, dass jemand zur Rechenschaft gezogen wird. In allen Gemeinschaften, die in den Beispielen im vierten Kapitel erwähnt wurden, hat es innerkirchliche Anzeigen gegeben. In keinem dieser Fälle wurde auf die erste Anzeige der Opfer reagiert. Erst nach wiederholten Anstrengungen von teils höherrangigen Klerikern und erfahrenen Kanonisten ist es in einigen Fällen zu Visitationen gekommen. Aber *keine* der Visitationen hatte zur Folge, dass Verfahren gegen Täter oder Täterinnen eingeleitet wurden. Nur der Priester, der „Carmen" missbraucht hat, ist Jahrzehnte nach ihrer ersten Anzeige, nach zermürbenden und für das Opfer traumatischen Gerichtsverhandlungen, nach der strafrechtlichen Verjährung des sexuellen Missbrauchs, als er selbst schon lange im Ruhestand war, endlich im Stillen von seinem Bischof suspendiert worden. Die Gemeinschaft, die seine Taten ermöglicht hat, ist dafür bis heute nicht belangt worden. Und auch der Täter ist und bleibt bis zu seinem Lebensende ein freier Mann. – Solange der Umgang mit Tätern und Opfern in der Kirche so aussieht, ist Präventionsarbeit wenig glaubwürdig.

Ein Bischof oder eine Bischofskonferenz, die Täter und Täterinnen nicht anklagt und verurteilt, die ihre Taten relativiert und womöglich sogar entschuldigt, die die Hürden für Opfer, gehört und verstanden zu werden, hoch hält und die *gleichzeitig* über Prävention spricht und dafür sorgt, dass diese Präventionsarbeit *bekannt* wird, ist wie ein Milliardär, der Steuern im Millionenumfang vermeidet, indem er sein Geld geschickt anlegt und in Steuerparadiesen versteckt, wodurch seinem Land, dessen Infrastruktur er ungeniert nutzt, notwendige Einnahmen entgehen, der aber jedes Jahr einen Bruchteil dessen, was er an Steuern zahlen müsste, öffentlichkeitswirksam für Schulen spendet, die von seiner privaten Stiftung geleitet werden, und der sich dafür feiern lässt. Dabei wäre es nicht nur ein Leichtes für ihn, einfach seine Steuern zu zahlen, so wie es ein Leichtes für einen Bischof wäre, auf die Einhaltung des kanonischen Rechtes in seinem Bistum zu bestehen, er wäre obendrein gesetzlich und moralisch dazu verpflichtet und würde sich selbst, seiner Institution und der Allgemeinheit damit tausendmal wirksamer helfen als durch das Pflegen einer kurzfristig vielleicht wirksamen, aber in Wahrheit verlogenen und langfristig brüchigen Selbstinszenierung.

Nicht zuletzt sendet Prävention ohne angemessene Aufarbeitung an spirituell totalitäre Gruppen, an Täter und Täterinnen das fatale Signal, dass sie für ihre Taten von kirchlicher Seite kaum Konsequenzen zu fürchten haben.

Literaturhinweise zu diesem Kapitel

Jörg M. Fegert, Ulrike Hoffmann, Elisa König, Johanna Niehues, Hubert Liebhardt (Hg.), Sexueller Missbrauch von Kindern und Jugendlichen. Ein Handbuch zur Prävention und Intervention für Fachkräfte im medizinischen, psychotherapeutischen und pädagogischen Bereich, 2015.

Norbert Lüdecke, Sexueller Missbrauch von Kindern und Jugendlichen durch Priester aus kirchenrechtlicher Sicht, in: Münchener Theologische Zeitschrift 62 (2011), 33–60.

Wunibald Müller, Das Gold im Dunkel der Seele entdecken. Neue Kraft aus verborgenen Quellen, 2015.

Wunibald Müller, Wenn der Geist die Seele berührt: Für eine dynamische Spiritualität, 2007.

Amos Oz, Liebe Fanatiker. Drei Plädoyers, 2018.

Luise Reddemann, Imagination als heilsame Kraft – Ressourcen und Mitgefühl in der Behandlung von Traumafolgen, [20]2017.

Luise Reddemann, Würde – Annäherung an einen vergessenen Wert in der Psychotherapie, 2008.

Carl Rogers, Die nicht direktive Beratung, 1972.

Margaret Thaler Singer, Sekten. Wie Menschen ihre Freiheit verlieren und wiedergewinnen können, 1997.

Michael Utsch, Raphael M. Bonelli, Samuel Pfeiffer, Psychotherapie und Spiritualität. Mit existenziellen Konflikten und Transzendenzfragen professionell umgehen, 2014.

Schlussbemerkung

Wenn ich das, was ich in diesem Büchlein festgehalten habe, vor haupt-, neben- und ehrenamtlichen kirchlichen Mitarbeiter/inne/n präsentiere, werde ich in aller Regel mit sehr starken und teils ambivalenten Gefühlen der Zuhörerschaft konfrontiert.

Nach dem ersten Schock über die Erfahrungen der Opfer steht an zweiter Stelle meist unmittelbar die Rückmeldung Einzelner, die sagen, sie hätten selbst ähnliche Erfahrungen gemacht und wären froh, jetzt Worte dafür zu haben. – Dann folgt eine Art Realisierungsschock. Die Zuhörer haben das Gefühl, dass sie vor einer schier unbewältigbaren Herausforderung stehen: Wie sehr sind Menschen in unseren Gemeinden über lange Zeit spirituell vernachlässigt worden! Wie stark weitet sich der Einfluss geistlicher Manipulatoren in der Kirche aus! Fast jeder und jede in der Runde kennt junge Menschen, nicht selten Seminaristen, die sich von autoritären Strömungen begeistern lassen ... Nicht selten höre ich auch Sätze wie: Bischof xy war doch neulich bei diesem völlig manipulativen Festival? Unmittelbar verbunden damit kommt die Anfrage an die eigene seelsorgerliche Kompetenz: Wie gut bin ich selbst als Priester, als Seelsorgerin überhaupt darin, geistlich Not leidenden, vernachlässigten, verführten oder gebrochenen Menschen gute, tragende und nahrhafte spirituelle Ressourcen anzubieten? Bin ich überhaupt selbst geistlich gut genug versorgt? Und wo finde *ich* überhaupt die Ressourcen, die ich benötige? Manchmal kommen dann auch Einwände wie jener, dass Jesus doch auch nicht einfach gesagt hätte: Ich mache dir ein Angebot, schau mal, ob es dir damit gut geht. Oder jener:

Das ist doch alles überzogen. Dürfen wir die Menschen denn jetzt nicht mehr einladen und anlächeln? Oder: Wenn wir das mit der spirituellen Selbstbestimmung wirklich so umsetzen, dann sind unsere Seminare, Klöster und Kirchen bald ganz leer. – In der Annahme, dass sich auch Ihnen nach der Lektüre dieses Büchleins der ein oder andere dieser Gedanken aufdrängt, möchte ich an dieser Stelle noch mit einigen kurzen Antworten auf diese Reaktionen schließen.

Wer fühlt, dass er selbst geistlichen Missbrauch erlebt hat, aber diese Erfahrung bislang nicht als Missbrauch bezeichnen konnte, tut gut daran, diese Erinnerung im Licht dieses Begriffes neu zu betrachten und sich die Frage zu stellen, was genau damals passiert ist: Wenn es Missbrauch war, welche Form von Missbrauch war es? Warum war ich dafür anfällig? Welche Konsequenzen hat das in meinem Leben? Ist es jetzt vorbei oder trage ich noch Folgen davon in mir? Welche? Und generell scheint mir, dass wer eine ernsthafte Auseinandersetzung mit geistlichem Missbrauch anstrebt, sicherlich gut beraten ist, im Hinblick auf dieses Thema zunächst die eigene geistliche Biographie durchzugehen: Wann und wie bin ich spirituell handlungsfähig geworden? Habe ich Übergriffe erlebt – oder vielleicht welche begangen? Welche Folgen hatten diese Übergriffe? Bin ich heute spirituell selbstbestimmt und handlungsfähig? Helfe ich anderen Menschen, das zu sein?

Wer dann, aus der Perspektive der eigenen seelsorglichen Verantwortung, einen Realitätsschock erleidet, dem möchte ich nur sagen: Ja, ich bin ganz bei Ihnen: Die Herausforderung ist gewaltig. Der Anspruch, alle Gläubigen, so divers sie im Blick auf ihr Alter, ihre Bildung, Kultur, Bedürfnisse und Erfahrungen sind, so schwierig ihre Hintergründe und Lebenserfahrungen sein mögen, so quer sie vielleicht zur kirchlichen Praxis und Lehre liegen, sollte in unseren Gemeinden und kirchlichen Einrichtungen geholfen werden können, spirituell selbstbestimmt und handlungsfähig zu sein, erscheint völlig utopisch, geradezu absurd. Das sagen umso mehr die, die den pastoralen Alltag aus beruflicher Erfahrung wirklich kennen. Aber wenn wir uns dieses Ziel setzen, wissen wir immerhin endlich, wo wir hinmüssen, und sind schon einmal auf dem richtigen Weg. Hinter diese Zielsetzung können wir nicht mehr zurückgehen wollen, wenn wir einmal verstanden haben, wohin spirituelle Unmündigkeit und Not führen kann. Und wer weiß, wie viel schon ein paar Schritte in die richtige Richtung ausmachen?

Wer einwenden möchte, dass Jesus keine Angebote gemacht, sondern Menschen in seine Nachfolge gerufen hat, dass er seinen Jüngern kein spirituelles Wohlfühlprogramm, sondern Selbstverleugnung und Kreuzesnachfolge verheißen hat, und dass man doch angesichts dessen in der Pastoral keine spirituelle Selbstbestimmung propagieren könne, sondern dass es gerade Aufgabe der Seelsorge wäre, Menschen durchaus zu sagen, dass sie im Vertrauen auf ihren geistlichen Begleiter auch einmal gegen ihre eigenen Befindlichkeiten und Bedenken handeln müssten, wenn sie es mit dem Glauben ernst meinen …, wer das einwenden möchte, dem möchte ich zwei sehr ernst gemeinte Gegenfragen stellen. Erstens: Glauben Sie wirklich, dass Jesus Menschen mit Absicht ins Leiden führen wollte? Wie kommen Sie darauf? Und wie kommen Sie auf den – nüchtern betrachtet vollkommen absurden – Gedanken, daraus zu folgern, dass Sie von Gott dazu ermächtigt sind, anderen Menschen zu sagen, was richtig ist beziehungsweise was Gott von ihnen will, auch wenn diese Menschen das anders empfinden? Sind Sie Jesus? Woher wissen Sie denn, was richtig ist? Können Sie ausschließen, dass Ihre persönlichen Voreingenommenheiten und Wünsche einen Einfluss auf Ihr Urteil haben? Und zweitens:

Können Sie persönlich die Verantwortung übernehmen für alle Konsequenzen, die es hat, wenn Menschen gegen ihre eigentliche Neigung das tun, wozu Sie als geistlicher Begleiter sie aufgefordert haben? Wahrscheinlich nicht. Mit anderen Worten: Gerade wenn wir es ernst meinen mit dem Glauben, müssen wir die Quellen unseres Glaubens ernst nehmen, und das bedeutet eine klare Absage an bequeme Abkürzungen wie unkritische und fundamentalistische Lesarten der Bibel und anderer Texte. Abgesehen davon sollten wir grundsätzlich von den Konsequenzen unseres Handelns her denken und *das Verbot spiritueller Gewalt als unverhandelbare ethische Prämisse an den Beginn unserer Schriftlektüre und pastoralen Arbeit setzen*, anstatt aus der Lektüre bestimmter Texte zu schlussfolgern, dass spirituelle Gewalt in manchen Fällen gerechtfertigt sein muss (sonst hätte Jesus, Paulus, Benedikt, die Muttergottes von Fatima, Pater Pio etc. hier oder dort anders gehandelt). Sonst beleidigen wir unseren Verstand und klammern uns stattdessen an eine Illusion von Wahrheit, die uns in die intellektuelle und ethische Verantwortungslosigkeit führt.

Wer meint, es wäre übertrieben, von spiritueller Vernachlässigung zu sprechen, wenn jemand einem Menschen nicht die geistliche Nahrung gibt, die er braucht, oder von spiritueller Manipulation, wenn Menschen mit Absicht in eine Stimmung versetzt werden, die ihre geistliche Entscheidungsfreiheit untergräbt (auch Begleiter wären doch menschlich und es käme vor, dass man einmal einen Fehler mache, und er sähe schließlich auch lieber lächelnde Menschen als griesgrämige), der hat wahrscheinlich – vielleicht ohne bösen Willen – den Punkt nicht verstanden, an dem menschliche Unzulänglichkeit aufhört und Missbrauch beginnt: Missbrauch ist nicht das Lächeln. Missbrauch ist das Lächeln in der Absicht, den anderen zu etwas zu bringen, was dieser eigentlich nicht will. Missbrauch ist nicht das emotionale Prayerfestival. Missbrauch ist es, mit dieser Emotionalität Druck auf die Anwesenden auszuüben, dass sie ihr Leben in eine bestimmte Richtung verändern sollen. Es kommt nicht darauf an, in der Begleitung perfekt zu sein, aber es kommt entschieden darauf an, sich als Begleiter kritisch mit der eigenen Motivation und dem eigenen Verhalten auseinanderzusetzen und die spirituelle Autonomie des Begleiteten zum Grundprinzip der Begleitung zu machen, um hellhörig zu werden für Signale, die darauf hindeuten, dass diese Autonomie verletzt sein könnte, und um diese Verletzungen nach Möglichkeit zu vermeiden.

Wer schließlich Angst hat, dass eine konsequente Pastoral der spirituellen Selbstbestimmung dazu führt, dass unsere Kirchen, Klöster und Priesterseminare am Ende ganz leer sind, dem will ich nur bewusst machen, was er damit eigentlich sagt, nämlich: Ohne (wenigstens ein bisschen) Nötigung und Gewalt funktioniert unsere Kirche nicht. Was für eine Bankrotterklärung! Wäre dem wirklich so, müssten wir sowieso alles sein lassen, denn dann ist Gott in unserer Kirche nicht präsent. Glauben wäre dagegen das genaue Gegenteil dieser Angst, es wäre die feste Hoffnung, dass Gott wirklich zu uns Menschen spricht und dass wir sein Wort verstehen können und dass er uns nicht Gewalt antut, sondern dass er uns frei macht. So gesehen, ist dieses Büchlein im Kern vor allem ein Plädoyer dafür, es in der Kirche mit dem Glauben ernst zu meinen.

Nachwort

Jochen Sautermeister

1

Religiöse Bilder, Erzählungen, Symbole, Praktiken und Riten können Menschen dabei helfen, die großen (und kleinen) Herausforderungen des Lebens zu bewältigen. Sie bieten bewährte Möglichkeiten an, wie etwa Verantwortung, Schuld, Trauer, Angst, Unsicherheit, Krankheit, Sterben und Tod sowie die Sehnsucht nach Sinn und Hoffnung gedeutet und verstanden werden können. Sie stellen darüber hinaus Möglichkeiten zur Verfügung, wie das persönliche Erleben dieser existenziellen Herausforderungen einen angemessenen sprachlichen und körperlichen Ausdruck finden kann oder wie sie auf gute Weise in das eigene Leben integriert werden können und welche Handlungs- und Gestaltungsoptionen damit verbunden sind. Wenn das gelingt, dann zeigen sich Religion und Glaube von ihrer menschenfreundlichen und lebensdienlichen Seite. Ihre heilsame Dimension und therapeutische Qualität werden sichtbar.[1] Damit sie konkret erlebbar und spürbar werden, müssen sie an die persönlichen Erfahrungen eines Menschen anknüpfen können, die er im Laufe seines Lebens vor allem in der Begegnung mit anderen oder mit sich selbst gemacht hat; sie müssen an die grundlegenden und maßgeblichen Wertvorstellungen und Überzeugungen anschließen und in eine leibseelische Resonanz treten können. Kurz: Sie müssen subjektiv bedeutsam sein. Andernfalls bleiben religiöse und spirituelle Angebote rein äußerlich und berühren nicht die Person in ihrem Inneren. Sie bleiben existenziell bedeutungslos; sie spielen für die Identität eines Menschen keine Rolle.

Die Identität einer Person bildet sich von Geburt an in Auseinandersetzung und Interaktion mit relevanten Bezugspersonen in sozialen und kulturellen Zusammenhängen. Sie ist lebensgeschichtlich geprägt und biografisch offen. Die Identität eines Menschen ist niemals abgeschlossen, sondern bleibt einem lebenslangen Wandel unterworfen. Vieles dabei bleibt unfertig und unverwirklicht, anderes ausgekostet und erschöpft, wieder anderes abgebrochen und fragmentarisch. Die Identität ist ein Prozess, in dem der Einzelne leibseelisch, biografisch und soziokulturell bedingt seine Freiheit zu verwirklichen sucht. Damit der innere und äußere Raum persönlicher Selbstbestimmung möglichst gut und stimmig gestaltet werden kann, ist man auf die Anerkennung und Unterstützung anderer Menschen sowie auf verschiedene Ressourcen angewiesen, auf psychische, soziale, kulturelle, materielle und spirituelle.[2] Ohne diese könnten Menschen sich nicht gut entwickeln und entfalten: Es würde für sie schwerer, einen verantwortlichen Platz in der Gesellschaft einzunehmen, erfüllende Beziehungen zu leben und achtsam für sich Sorge zu tragen.[3] Ihre leibseelische Gesundheit und ihre Widerstandskräfte wären anfälliger und geschwächt. Und sie wären eher gefährdet, psychosozialen Strategien der Entfremdung, der Manipulation und des Missbrauchs zu erliegen. Lebensgeschichtliche Verletzungen und Traumatisierungen können diese destruktiven Dynamiken begünstigen oder daraus resultieren.

2

All das zeigt, dass Religion und Glaube in ihren Auswirkungen auf Menschen ambivalent sind. Sie können für den Einzelnen gut sein oder schädlich – je nachdem auf welchen lebensgeschichtlichen Boden sie fallen und wie destruktiv entsprechende Praktiken sind. Spiritueller Missbrauch dagegen ist in keiner Weise ambivalent. Er missachtet die Würde der Person und schadet den Betroffenen auf ganz unterschiedliche, zum Teil massive und zerstörerische Weise. Er respektiert nicht die Grenze, die in der Freiheit des anderen und seiner Suche nach Sinn, nach vertrauensvollen Beziehungen und gelingender Identität liegt. Dabei können die Grenzen zwischen nicht-bewussten Dynamiken des Missbrauchs bis hin zu bewusst kalkulierten Praktiken und Strategien seitens der Täter mitunter fließend sein. Fehlende Empathie und Selbsterfahrung wie auch psychosoziale und psychosexuelle Unreife können Ursache sein, aber auch gezielte Absicht, Missachtung und Demütigung. Das Ausmaß der Übergriffigkeit und Manipulation ist variabel. Dass hierbei neben persönlichen Aspekten auch systemisch-strukturelle Faktoren eine wichtige Rolle spielen und spirituellen Missbrauch begünstigen können, macht es nicht besser.

3

Zur Förderung von spiritueller Selbstbestimmung und zur Verhinderung von geistlichem Missbrauch bedarf es neben theologischer und spiritueller Bildung einer Aufklärung über die Strategien und Dynamiken spirituellen Missbrauchs, wie sie von Doris Wagner sensibel und transparent beschrieben worden sind. Es braucht also insbesondere Angebote zu Selbsterfahrung und Persönlichkeitsbildung, zur Stärkung und Reifung der Identität eines Menschen, zur Förderung seiner Individuation und Selbstwerdung. Dabei sind auch jene Schattenseiten und narzisstischen Verwundungen anzuschauen, die die persönlichen Machtbestrebungen oder Bedürfnisbefriedigungen in seelsorgerlichen Kontexten, religiösen Sozialräumen und asymmetrischen geistlichen Beziehungen bewusst oder nicht-bewusst motivieren und energetisieren.

Ohne solche Angebote würde jeder pastoralen Ausbildung von Seelsorgerinnen und Seelsorgern etwas fehlen, aber auch der Persönlichkeitsformung unterschiedlichster spirituell-religiöser Traditionen in geistlichen Gemeinschaften und Orden.

Zugleich hat die Befähigung und Förderung einer starken Identität auch eine Schutzfunktion vor krankmachenden, manipulativen, übergriffigen, missbrauchenden und entfremdenden Formen, Praktiken und Strukturen von Religion, Glaube und Spiritualität. Dann gelingt es auch leichter, sich von unangemessenen und deformierenden religiös-spirituellen Bildern, Metaphern, Erzählungen, Symbolen, Riten, Praktiken und binnenmoralischen Forderungen abzugrenzen.

Das Vertrauen in den inneren Kompass, die Achtsamkeit für die eigene gesunde Entwicklung und Integrität sowie die empathische und solidarische Verantwortung für andere umschreiben das, was man theologisch und ethisch als Gewissen bezeichnet. Persönlichkeitsbildung ist demnach immer auch Gewissensbildung. Das Gewissen wird in der christlichen Tradition als der Ort angesehen, wo der Mensch in seinem Innersten die Stimme Gottes vernehmen kann. Diese fordert den Menschen dazu auf, das Gute zu tun und das Böse zu meiden. Als Resonanzraum der Stimme Gottes erfährt der Mensch den Anspruch, das eigene Handeln grundsätzlich am Gebot der Gottes- und Nächstenliebe auszurichten.[4] Somit trägt auch die Anerkennung der Gewissensfreiheit des Menschen und die Förderung der Gewissensbildung dazu bei, dass geistlicher Missbrauch verhindert und dort, wo er praktiziert wird, aufgedeckt, geahndet und aufgearbeitet werden kann. Als institutionalisierte Gestalt und Sozialform des Christlichen kommt der Kirche hier eine besondere Aufgabe und Verantwortung zu, indem sie aus den Quellen ihrer spirituellen Traditionen sowohl die Ressourcen für gelingende Identität als auch das Kritikpotenzial an destruktiven und dysfunktionalen Formen zur Geltung bringt. Denn: Wahres Christsein bedeutet zugleich authentisches Menschsein. Und authentisches Menschsein bedeutet zugleich wahres Christsein, insofern es sich aus den Ressourcen des christlichen Gottesglaubens speist. Es lebt aus der Hoffnung auf Heil, auf ein Leben in Fülle.[5]

Jochen Sautermeister, geb. 1975, Dr. rer. soc., Dr. theol., Dipl.-Psych., ist Professor für Moraltheologie und Direktor des Moraltheologischen Seminars an der Katholisch-Theologischen Fakultät der Universität Bonn. Von 2014 bis 2017 war er Inhaber der Stiftungsprofessur für Moraltheologie unter besonderer Berücksichtigung der Moralpsychologie an der Katholisch-Theologischen Fakultät der Ludwig-Maximilians-Universität München. Sautermeister ist zudem Psychologischer Ehe-, Familien- und Lebensberater, seine Forschungsschwerpunkte bilden u. a. Fragen der Moralpsychologie sowie die Themen Resilienz, Achtsamkeit und Spiritualität.

Anmerkungen

Vorwort *(Klaus Mertes)*

[1] Die Begriffe sind der Sprachregelung der ignatianischen Exerzitien entnommen. Ignatius von Loyola, der Gründe des Jesuitenordens, verfasste seine „Geistlichen Übungen" als Handbuch für einen geistlichen Lehrer, der eine Person auf ihrer Suche nach Gott begleitet.

[2] Missbraucht, geschlagen, lächerlich gemacht – Schülerinnen und Schüler von Sogyal Rimpoche erheben schwere Vorwürfe, Brief vom 14.7.2017.

[3] Vgl. Oliver Hammerstein, Ich ein Munie, 1978. Übrigens wurde der junge Student von Gleichaltrigen aus der Sekte akquiriert; sie erzählten ihm mit leuchtenden Augen von der neuen Lehre, dem großen Mun und dem finalen Weg zum Glück. Die Instrumentalisierung junger Gruppenmitglieder für die Anwerbung von Neumitgliedern ist eine typische Masche, die auch im kirchlichen Bereich zu finden ist, wie mir Betroffene im Rückblick erzählten. Niemand geht einen schwierigen Weg gerne allein. Junge, unsichere Neumitglieder haben ein natürliches Interesse daran, Wegbegleiter zu gewinnen, und lassen sich deswegen gerne auf Anwerbungsaktivitäten im Auftrag der Gruppe ein. Sie werden den Menschen, die sie anwerben wollen, eher nicht eigene Ängste und Zweifel offenbaren, sondern mit großer Sicherheit auftreten. Das beeindruckt natürlich die Angesprochenen und kann sie dazu bewegen, sich genauso „großmütig" zu entscheiden wie die Anwerber. Umgekehrt entwickeln die jungen Anwerber durch ihre Verantwortung, die sie damit für die Lebensentscheidung anderer eingegangen sind, eine weitere, verhängnisvolle Bindung an ihre Vorbildrolle.

[4] Vgl. Eckhard Nordhofen, Corpora – die anarchische Kraft des Monotheismus, 2018. Nordhofen legt einen theologischen Ansatz zur Geschichte des Monotheismus vor, der im besten Sinne eine Theologie der Unterscheidung der Geister ist, ausgehend von der theologischen Usurpation durch die Schlange in der Paradieserzählung.

[5] In seinem neuen Schreiben beklagt Franziskus auch die Verrohung in sozialen Netzwerken. „Sogar in katholischen Medien können die Grenzen überschritten werden; oft bürgern sich Verleumdung und üble Nachrede ein, und jegliche Ethik und jeglicher Respekt vor dem Ansehen anderer scheinen außen vor zu bleiben", schreibt der Papst.

So entstehe ein gefährlicher Dualismus, „weil in diesen Netzwerken Dinge gesagt werden, die im öffentlichen Leben nicht tolerierbar wären, und man versucht, im wütenden Abladen von Rachegelüsten die eigene Unzufriedenheit zu kompensieren". Weiter schreibt der Papst, es sei auffällig, dass unter dem Vorwand, andere Gebote zu verteidigen, das achte Gebot – „Du sollst kein falsches Zeugnis geben" – zuweilen komplett übergangen und das Ansehen anderer gnadenlos zerstört wird." (katholisch.de, 9.4.2018)

Spiritueller Missbrauch in der katholischen Kirche *(Doris Wagner)*

[1] Alle kursiv hervorgehobenen Beispiele sind real. Es sind entweder Erfahrungen, die ich oder mir persönlich bekannte Menschen selbst gemacht haben. Nur die beiden letzten der drei Beispiele am Anfang stammen aus Erfahrungsberichten, die Betroffene AVREF anvertraut haben.

[2] Unter anderem bei avref.fr und in: Gordon Urquhart, Im Namen des Papstes, 1998.

[3] Dazu gehören unter anderem: Wolfgang Beinert, „Katholischer" Fundamentalismus, 1991; Gordon Urquhart, Im Namen des Papstes, 1998; Hermann Häring, Versuchung Fundamentalismus, 2013.

[4] Ich verwende „geistlich" und „spirituell" in diesem Buch durchgehend als Synonyme.

[5] Hans Wißmann, Esoterik I. Religionsgeschichtlich, in: Theologische Realenzyklopädie, Bd. 10, 1993, 366.

[6] Hans Duesberg, Erotische Spiritualität: Plädoyer für eine geschlechtsspezifische Seelsorge, in: Transformationen 17 (2017), 51–70.

[7] Hierzu: Cornelia Richter (Hg.), Ohnmacht und Angst aushalten. Kritik der Resilienz in Theologie und Philosophie, 2017.

[8] Vgl. den Text „Prinzip und Fundament", der auch als Kerntext des Exerzitienbuches bezeichnet wird.

[9] Vgl. Wassilios Klein, Rosenkranz, Religionsgeschichtlich, in: Theologische Realenzyklopädie, Bd. 29, 401–403 und Andreas Heinz, Rosenkranz, im Christentum, in: Theologische Realenzyklopädie, Bd. 29, 403–407.

[10] Wer das Gefühl dieser Angst noch einmal nachempfinden will, der könnte einen Blick in diese beiden Bücher werfen: Joseph Ratzinger, Einführung in das Christentum, 1968; Giuseppe Siri, Gethsemani. Überlegungen zur theologischen Bewegung unserer Zeit, 1986.

[11] Thomas Söding, Historisch-Kritische Forschung, in: Lexikon für Theologie und Kirche, 3. Auflage, Bd. 5, Sp. 168.

[12] Deutsche Bischofskonferenz (Hg.), Da kam Jesus hinzu … Handreichung für geistliche Begleitung auf dem Glaubensweg, 2001.

[13] Vgl. Klaus Mertes, Geistlicher Machtmissbrauch, in: Geist und Leben 90 (2017), 249–259.

[14] Vgl. Evan Stark, Coercive Control: How Men Entrap Women in Personal Life, 2009.

[15] Dieser Zusammenhang zwischen einer „wahren Lehre" und geistlichem Missbrauch wird sehr anschaulich dargestellt im Film „Kreuzweg" von Dietrich Brüggemann.

[16] Vgl. Katechismus der Katholischen Kirche, Nr. 1033–1037; II. Vatikanisches Konzil, *Lumen gentium*. Dogmatische Konstitution über die Kirche vom 21. November 1964, Nr. 48.

[17] Eines von zahlreichen Beispielen hierfür sind die Travailleuses Missionaires (L'Eau vive), die ihren Mitgliedern nicht nur eine Spiritualität des unermüdlichen Dienens aufgezwungen haben, sondern die das auch genutzt haben, um die Arbeitskraft der Schwestern gezielt auszubeuten und finanzielle Gewinne zu machen. Vgl. https://www.la-croix.com/Religion/Le-malaise-des-anciennes-Travailleuses-missionnaires-de-LEau-vive-2014-07-16-1179648 (abgerufen am 9.10.2018).

[18] Leonie Viola Thöne, Pickup Artists. Die manipulativen Strategien der geheimen Aufreißer-Community, 2012. Und. Nathan Thompson, Geständnisse eines ehemaligen Pickup Artists, online unter: https://www.vice.com/de/article/mv4bnq/gestaendnisse-eines-ehemaligen-pickup-artists-000 (abgerufen am 9.10.2018).

[19] Vgl. Majella Lenzen, Das möge Gott verhüten, 2011: „Im Auftrag des Gehorsams, so war uns immer eingetrichtert worden, waren wir, mit dem nötigen Bemühen, schlichtweg dazu befähigt, diese, also im Prinzip jede Tätigkeit zu leisten – Gott würde schon für einen guten Ausgang sorgen!", 64.

[20] Vgl. Marie-Lucile Kubacki, Il lavoro (quasi) gratuito delle suore, in: L'Osservatore Romano, 1. März 2018.

[21] Vgl. dazu die Warnhinweise und Erfahrungswerte von AVREF: https:// www.avref.fr/quizz-express-ong.html (abgerufen am 9.10.2018).

[22] Vgl. die Instruktion der Religiosenkongregation, Der Dienst der Autorität und der Gehorsam, 2008, Nr. 26f.

[23] Unter anderem bei den Seligpreisungen und in der Communauté Saint Jean, vgl. Doris Reisinger, #NunsToo. Sexueller Missbrauch an

Ordensfrauen. Fakten und Fragen, in: Stimmen der Zeit 236 (2018), 374–384.

[24] Die *Epikie* ist ein Prinzip, das es erlaubt, im Einzelfall gegen eine von oben gegebene Vorschrift zu handeln, zum Beispiel dann, wenn die Befolgung dieser Vorschrift zu unmoralischen Konsequenzen führt oder unzumutbar Schweres verlangen würde. Vgl. Günter Virt, Epikie, in: Lexikon für Theologie und Kirche, 3. Auflage, Bd. 3, Sp. 715.

[25] Das *sacrificium intellectus* ist das „Opfer des Verstandes": man unterwirft sich einer kirchlichen Lehre oder Verfügung, die dem eigenen Verstand entgegensteht. Vgl. Andreas Speer, Sacrificium Intellectus, in: Archivio Di Filosofia 76, Nr. 1/2 (2008), 57–70.

[26] Vgl. die jüngste Auseinandersetzung zwischen dem Bonner Dogmatiker Karl-Heinz Menke *(Macht Wahrheit frei oder Freiheit wahr?)* und dem Freiburger Fundamentaltheologen Magnus Striet *(Ernstfall Freiheit)*.

[27] Vgl. Christine Ann Lawson, Borderline-Mütter und ihre Kinder. Wege zur Bewältigung einer schwierigen Beziehung, 2006.

[28] Bruno Primetshofer, Ordensrecht, 2003, 120.

[29] Rudolf Henseler, zu c. 630, in: Münsterischer Kommentar zum CIC, Rdn. 7 (2. Erg.-Lfg. Januar 1986).

[30] Vgl. Denzinger-Hünermann, Nr. 1608.

[31] Vgl. II. Vatikanisches Konzil, *Lumen gentium*. Dogmatische Konstitution über die Kirche vom 21. November 1964, Nr. 11.

[32] Vgl. die Instruktion *Ecclesiae de mysterio* zu einigen Fragen über die Mitarbeit der Laien am Dienst der Priester vom 15. August 1997, in: Acta Apostolicae Sedis 89 (1997), 852–877, 859f., Nr. 3.

[33] Norbert Lüdecke, Sexueller Missbrauch von Kindern und Jugendlichen durch Priester aus kirchenrechtlicher Sicht, in: Münchener Theologische Zeitschrift 62 (2011), 41.

[34] Vgl. ebd., 41f.

[35] Rudolf Henseler, zu c. 630, in: Münsterischer Kommentar zum CIC, Rdn. 7 (2. Erg.-Lfg. Januar 1986).

[36] Franz Xaver Bischof, Theologie und Geschichte. Ignaz von Döllinger (1799–1890) in der zweiten Hälfte seines Lebens, 1997, 99. Es lässt sich annehmen, dass der Anspruch der römischen Kirchenleitung, alleine das „ordentliche Lehramt" zu sein „in engem Beziehungsverhältnis zu der gleichzeitig ihrem Ende zusteuernden weltlichen Herrschaft des Papstes" steht. Wenn die Zurückdrängung freiheitlicher Traditionen in der Kirche mit dem Verlust weltlicher kirchlicher Macht einhergeht, stimmt das im Blick auf die Gegenwart und Zukunft der

freiheitlichen Traditionen in der Kirche für den Moment allerdings erst einmal alles andere als hoffnungsvoll, was auch das gegenwärtige Erstarken neuer autoritärer Gruppen und Bewegungen und deren enge Verflechtungen mit der römischen Kurie zeigt.

Nachwort *(Jochen Sautermeister)*

[1] Vgl. Jochen Sautermeister, Irritationen der Lebensführung. Existenzielle und theologisch-ethische Herausforderungen psychischer Erkrankungen, in: ders., Tobias Skuban (Hg.), Handbuch psychiatrisches Grundwissen für die Seelsorge, 2018, 17–33, bes. 29–31.

[2] Siehe hierzu grundlegend Jochen Sautermeister, Identität und Authentizität. Studien zur normativen Logik personaler Orientierung, 2013.

[3] Siehe auch Jochen Sautermeister, Achtsamkeit und Selbstbildung. Theologisch-ethische Anmerkungen zu Selbstkompetenz und Identität, in: ders., Elisabeth Zwick (Hg.), Religion und Bildung: Antipoden oder Weggefährten? Diskurse aus historischer, systematischer und praktischer Sicht, 2019, 217–232.

[4] Vgl. Jochen Sautermeister, Göttliches Gesetz und personales Gewissen. Zur moraltheologischen Dignität authentischer Sittlichkeit, in: Markus Graulich, Ralph Weinmann (Hg.), Ewige Ordnung in sich verändernder Gesellschaft? Das göttliche Recht im theologischen Diskurs, 2018, 166–189, bes. 185–189.

[5] Jochen Sautermeister, Identität und christlicher Glaube. Option für lebensbejahende Humanität und selbstbejahende Authentizität, in: Michael Felder, Jörg Schwaratzki (Hg.), Glaubwürdigkeit der Kirche – Würde der Glaubenden. Pastoraltheologische Inventionen, 2012, 292–305.

Über die Autorin

Der Verlag hat mich um ein paar Zeilen über meine persönlichen Bezüge zum Thema dieses Buches gebeten.

Wie manche Leser und Leserinnen wissen oder zumindest vermuten dürften, habe ich selbst spirituellen Missbrauch erlebt. Als drittes von sieben Kindern 1983 in Ansbach geboren, war meine Kindheit und Jugend durch die Armut, die soziale Ausgrenzung und die Frömmigkeit meiner Eltern geprägt. Sie sahen in ihrem evangelisch-lutherischen Glauben den einzigen verlässlichen Halt im Leben. Als ich 15 Jahre alt war, konvertierte meine Familie zum katholischen Glauben und kam bald darauf in Kontakt mit spirituell totalitären katholischen Gruppen und Bewegungen. Kurz nach dem Abitur trat ich selbst voller Begeisterung in die „Geistliche Familie Das Werk" ein, der ich acht Jahre lang angehörte. Der Missbrauch, den ich in dieser Zeit erleben musste, hat mich nicht nur hart an die Grenze eines Suizides gebracht, er hat meine Persönlichkeit auf eine Weise und in einer Tiefe zerstört, die – so glaube ich – für nicht Betroffene kaum nachvollziehbar ist.

Dass ich diese Erfahrung überlebt habe und heute ein selbstbestimmtes und glückliches Leben als Ehefrau, Mutter, Autorin, Angestellte und bald promovierte Philosophin führen kann, verdanke ich vor allem der Liebe meines Mannes, der im dunkelsten Moment und von Anfang an ohne Zögern an meiner Seite stand. Fast ebenso wichtig war für mich das Theologiestudium, das mir die Augen dafür geöffnet hat, wie verkehrt die spirituelle Ideologie ist, die als „Glaubenswahrheit" in mich hineinmanipuliert worden war. Diese Erkenntnis ermöglichte es mir, mich von dieser

Ideologie zu befreien zu beginnen. Aber eben nur: zu beginnen.

Trotz der Liebes meines Mannes und der Erkenntnisse aus meinem Studium blieb mir eine Herausforderung, die ich alleine zu bewältigen hatte: Ich musste verstehen, was mir überhaupt geschehen war. Denn: Ich hatte das Leben in dieser Gemeinschaft ja gewollt und ich vertraute der Kirche, die diese Gemeinschaft anerkannt und gefördert hatte. Die Frage, die ich mir stellte, war: Was daran hat mich so zerstört? Ab welchem Punkt auf meinem Weg ging es in die falsche Richtung? Und was genau war diese falsche Richtung?

Von „geistlichem Missbrauch" in der katholischen Kirche hatte ich noch nie etwas gehört. Und, was schwerer wog, ein Großteil dessen, was mir angetan worden war, wurde innerhalb der Kirche durchaus als normal betrachtet oder zumindest von Bischöfen und der römischen Kurie toleriert, sodass ich vor zwei für mich damals unerträglichen Alternativen stand: Entweder ich musste diese Art von Leben ertragen oder ich musste der Kirche als solcher misstrauen. Als mir das erste Mal bewusst wurde, dass ich diese Gemeinschaft verlassen musste, wenn ich am Leben bleiben wollte, konnte ich beides nicht.

Vermeintlich aufgeklärte Menschen haben sehr schnell die Antwort bei der Hand, schuld sei die Religion. Religiöse Überzeugungen seien unmenschlich und verkehrt und wer das nicht wisse, sei dumm oder zumindest naiv. Andere meinen – wie ich es einmal als Kommentar zu einem Interview mit mir gelesen habe –, wer in einen Tennisclub eintrete, der müsse nun einmal damit rechnen, dass dort Tennis gespielt werde, sprich: Ein Kloster ist kein Ponyhof und das hätte ich halt wissen müssen. – Diese Kommentare sind angesichts meiner Erfahrungen, die von Briefzensur, Lese- und Redeverbot bis hin zu sexuellem Missbrauch reichen, nicht nur zynisch, sie verkennen auch, dass das Ordensleben von seinem kirchlichen Selbstverständnis und Anspruch her gerade kein Missbrauchssystem sein will. Vor allem aber übersehen sie, dass jeder und jede von uns, egal welche Voraussetzungen er oder sie mitbringt, unweigerlich spirituell fragile Entscheidungen trifft.

Egal wie man es dreht oder wendet, jeder Mensch, ob religiös oder nicht, muss – bewusst oder unterbewusst – einige Fragen für sich beantworten, und zwar ohne eine mit letzter Sicherheit gute Antwort parat zu haben: Worauf kommt es im Leben an? Unser Leben ist im Prinzip eine Wette und der Hauptgewinn ist Glück – oder zumindest Zufriedenheit. Wir können auf Macht setzen oder auf Besitz oder soziales Engagement oder Familie oder Schönheit oder Freundschaft oder Leistung oder Genügsamkeit oder Wissen oder Liebe – und egal worauf man setzt: Man verspricht sich, dass man dabei glücklich wird, und riskiert, dass man es nicht wird.

Ich hatte alles auf Wahrheit und Heiligkeit gesetzt: darauf, dass es Gott gibt, dass Gott mich liebt und dass Gott durch die kirchliche Autorität spricht, sodass ich, wenn ich mich kompromisslos an sie hielte, nicht falsch gehen könnte und am Ende glücklich werden würde – wenn vielleicht nicht auf Erden, dann doch wenigstens im Himmel. Nach dem Missbrauch, den ich erlebt hatte – ohne ihn zuerst als „Missbrauch" bezeichnen zu können –, stand ich an dem Punkt, an dem ich diese Wette aufkündigte. Aber ich war mir noch nicht ganz sicher, worauf ich stattdessen setzen sollte. Gab es überhaupt eine irgendwie verlässliche Instanz, einen sicheren Weg?

Es war ein langer Weg, bis ich den in meinem Leben zuvor allmächtigen Autoritäten umfassend die Gefolgschaft aufkündigen und mir selbst wieder trauen konnte. Auf diesem Weg bin ich Menschen begegnet, die mir – manchmal ohne es zu wissen – geholfen haben. So verdanke ich meinen Lehrern und Lehrerinnen an den theologischen Fakultäten der Albert-Ludwigs-Universität in Freiburg und der Universität Erfurt sowie am philosophischen Seminar der Westfälischen Wilhelms-Universität in Münster sehr viel: Sie haben mir Mut gemacht, mich meines eigenen Verstandes wieder zu bedienen, und zwar gerade wenn es um die Frage nach Gott und nach den grundlegenden und letzten Fragen unserer menschlichen Existenz geht. Pater Klaus Mertes SJ verdanke ich den Begriff „geistlicher Missbrauch", ohne den ich kaum hätte begreifen können, was mir passiert ist. Dem französischen Verein AVREF (= *Aide aux Victimes de mouvements Religieux en Europe et Familles*), in dem sich Ende der neunziger Jahre in Frankreich Eltern zusammengeschlossen haben, deren Kinder in eine spirituell totalitäre katholische Gemeinschaft hineingeraten waren und dem heute neben Angehörigen von Opfern auch eine wachsende Zahl Überlebender angehört, verdanke ich die Begegnung mit Menschen, die in anderen neuen geistlichen Gemeinschaften ganz ähnliche Erfahrungen machen mussten, wie ich sie gemacht hatte. Dem Journalisten Kai Biermann verdanke ich, dass er als einer der ersten meine Geschichte für wert gehalten hat, erzählt zu werden. Dem Verleger Bernhard Salomon verdanke ich, dass er mir angeboten hat, bei edition a ein Buch über meine Geschichte zu verlegen, als ich noch gar nicht daran dachte, eines zu schreiben. Filmemacherinnen wie Barbara Miller, Marie-Pierre Raimbault und anderen verdanke ich, dass sie meine Erfahrungen in ihren Filmen in einen größeren Kontext stellen und damit deutlich machen, dass der von mir und anderen erlebte Missbrauch keine Einzelfälle sind, sondern dass er sich aus einer Ideologie speist, die in unseren Kirchen und Gesellschaften weiterlebt. Nicht zuletzt verdanke ich einer für mich überwältigend großen

Zahl von leitenden und hauptamtlichen kirchlichen Mitarbeitern und Mitarbeiterinnen, dass sie mir zuhören und offen sind, sich mit spirituellem Missbrauch in der katholischen Kirche auseinanderzusetzen. So habe ich in den vergangenen Jahren immer wieder Vorträge vor Priestern, Ordensleuten, Bischöfen und geistlichen Begleiterinnen und Begleitern halten können, die nicht nur den Mut haben, dem Problem des geistlichen Missbrauchs in der Kirche ins Auge zu sehen, sondern die auch entschlossen sind, dieses Problem anzugehen.

In den Begegnungen mit allen diesen Menschen habe ich vieles gelernt, was in dieses Buch eingeflossen ist. Dazu gehört vor allem die Einsicht, wie schwer es ist, sich aus einem spirituell totalitären System innerhalb der katholischen Kirche herauszuarbeiten. Ich glaube, dass dies schwerer ist, als aus einer Sekte auszusteigen oder sich aus einer missbräuchlichen Beziehung zu befreien, weil die Kirche selbst sich von der in diesen Gruppen vorherrschenden Unterordnungslogik und von deren Anführern nicht wirksam distanziert, sondern sie im Gegenteil sogar fördert und hofiert. Zudem habe ich erlebt, wie ungeheuer essentiell und schwierig die spirituelle Entgiftung für Opfer ist. Das liegt zu einem großen Teil daran, dass viele der giftigen spirituellen Ressourcen, die diese Menschen in sich aufgenommen haben, in der Kirche durchaus geschätzt und als vermeintlich gesund angeboten werden. Außerdem liegt es daran, dass es kaum geistliche Begleiter und Begleiterinnen gibt, die in der Lage sind, Betroffenen bei einer solchen spirituellen Entgiftung zu helfen. Schließlich habe ich auch die Erfahrung gemacht, dass theologisch nicht geschulte Personen kaum in der Lage sind, bei dieser Entgiftung zu helfen, selbst wenn sie alles tun, um Betroffenen als Psychotherapeuten, Eltern oder Freunde zur Seite zu stehen.

Aus allen diesen Erfahrungen ist dieses Buch entstanden. Ich hoffe, dass es Opfern von geistlichem Missbrauch und deren geistlichen Begleitern und Begleiterinnen helfen kann, zu einem spirituell selbstbestimmten Leben zurückzufinden. Mindestens ebenso sehr hoffe ich, dass es Angehörigen und Bekannten helfen kann zu verstehen, was mit ihrem Kind oder Partner oder Freund geschehen ist und wie sie ihm vielleicht helfen können. Vor allem aber hoffe ich, dass dieses Buch ein wirksamer Beitrag in einer Debatte über spirituelle Selbstbestimmung in der katholischen Kirche sein kann, die kirchliche Verantwortungsträger zu einer klaren Positionierung für die spirituelle Selbstbestimmung der Gläubigen bewegt.

Theologische Ursachen sexuellen Missbrauchs

Katholizismus im Umbruch 9

Magnus Striet / Rita Werden (Hg.)

Unheilige
Theologie!

Analysen angesichts sexueller Gewalt
gegen Minderjährige durch Priester

HERDER

176 Seiten | Kartoniert
ISBN 978-3-451-38509-4

Die Studie der Deutschen Bischofskonferenz hat zahlreiche Fälle
von sexueller Gewalt gegen Kinder und Jugendliche ans Licht
gebracht. Was sind deren Ursachen? Können theologische Denk-
figuren einen Einfluss auf das Entstehen dieser Gewalt und deren
systematische Vertuschung gehabt haben? Die Beiträger scheuen
sich nicht, ein ganz heißes Eisen anzupacken, und gehen dieser
Frage vorbehaltlos nach.

In jeder Buchhandlung!

HERDER

www.herder.de